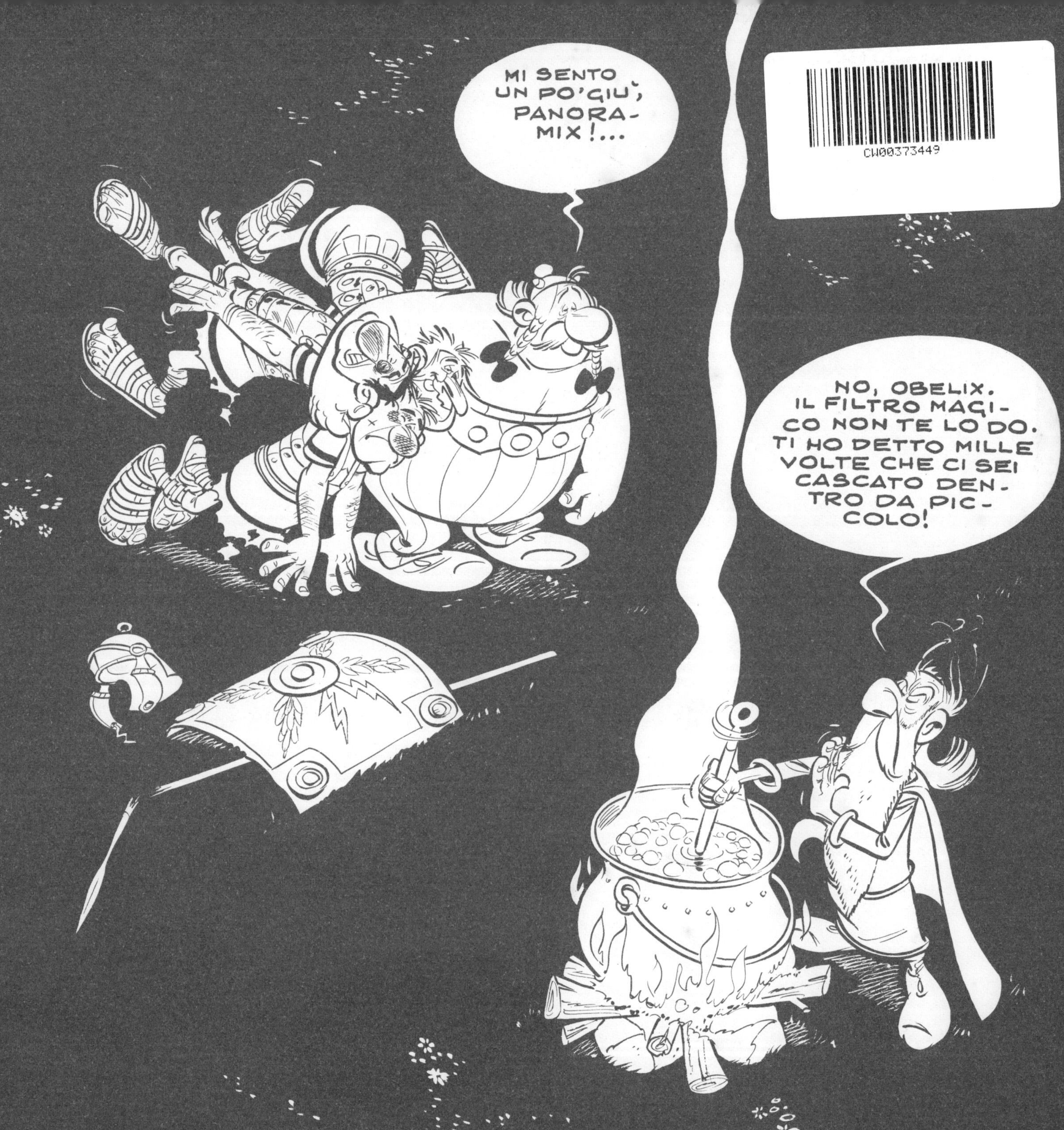
MI SENTO UN PO'GIU', PANORA-MIX!...
NO, OBELIX. IL FILTRO MAGI-CO NON TE LO DO. TI HO DETTO MILLE VOLTE CHE CI SEI CASCATO DEN-TRO DA PIC-COLO!

GOSCINNY E UDERZO PRESENTANO

QUATTORDICI STORIE COMPLETE DI ASTERIX

Asterix
tra banchi e... banchetti

testi di **René GOSCINNY**
e **Albert UDERZO**

disegni di **Albert UDERZO**

MONDADORI

Nota dell' editore transalpino

Fin dagli anni Sessanta, quando la creazione delle "storie lunghe" di Asterix gliene lasciava il tempo — cioè assai di rado — René Goscinny e Albert Uderzo hanno realizzato alcune storie brevi oggi considerate dei piccoli capolavori. La maggior parte sono apparse per la prima volta su "Pilote", il mitico settimanale, poi trasformatosi in mensile, diventato rivista "culto" di un'intera generazione di francesi. Le altre sono state eccezionalmente pubblicate da un settimanale femminile, da alcuni giornali americani e perfino da un Comitato Organizzatore delle Olimpiadi...

Era inevitabile che tutti questi lavori venissero prima o poi riuniti in un volume fuori collana di Asterix... Ma era meglio per noi farlo piuttosto prima che poi... Da tempo, infatti, siamo bersaglio di terrificanti minacce. Terrorizzati all'idea che gli ostili quanto impazienti ignoti mettessero in atto la loro vendetta costringendoci a mangiare cinghiali arrosto a colazione, ci siamo arresi... Ma un giorno smaschereremo gli autori di questo odioso ricatto!
Ora, però, vi lasciamo al piacere della lettura di questi tesori nascosti, che abbiamo riportato alla luce dopo un lungo lavoro di revisione e aggiornamento. Le storie talvolta sono firmate dal solo Albert, perché realizzate dopo la scomparsa, nel 1977, del suo amico e complice; talvolta dalla coppia più celebre del fumetto mondiale: René Goscinny e Albert Uderzo.

Vedendo le sue truppe impegnate in questa dura ma appassionante fatica, Albert si è rimesso al lavoro e, per suo puro piacere, ha realizzato nella primavera del 2003 non solo il disegno di copertina, ma anche la sceneggiatura e le vignette di cinque pagine totalmente inedite che vedono protagonista un gallo dai poteri stupefacenti... Riuscirà l'intrepido pennuto a far entrare la sua storia... nella storia, a farla brillare in questa carrellata di ricordi che si snoda tra più celebri banchi e immancabili banchetti?!...

Les Éditions Albert René

Coordinamento editoriale a cura di BB2C
Traduzione di Logomotiv (Natalina Compiacente)
Lettering di Giorgio Vaccaro
Impaginazione e colorazione a cura dello Studio "Et Cetera"

ragazzi.mondadori.com
www.asterix.fr

Licenziatario esclusivo per l'edizione italiana Arnoldo Mondadori Editore S.p.A., Milano
Titolo dell'opera originale *Astérix et la rentrée gauloise*
Prima edizione settembre 2003
Stampato presso le Artes Graficas Toledo S.A., Toledo (Spagna) - Gruppo Mondadori
ISBN 88-04-52305-0

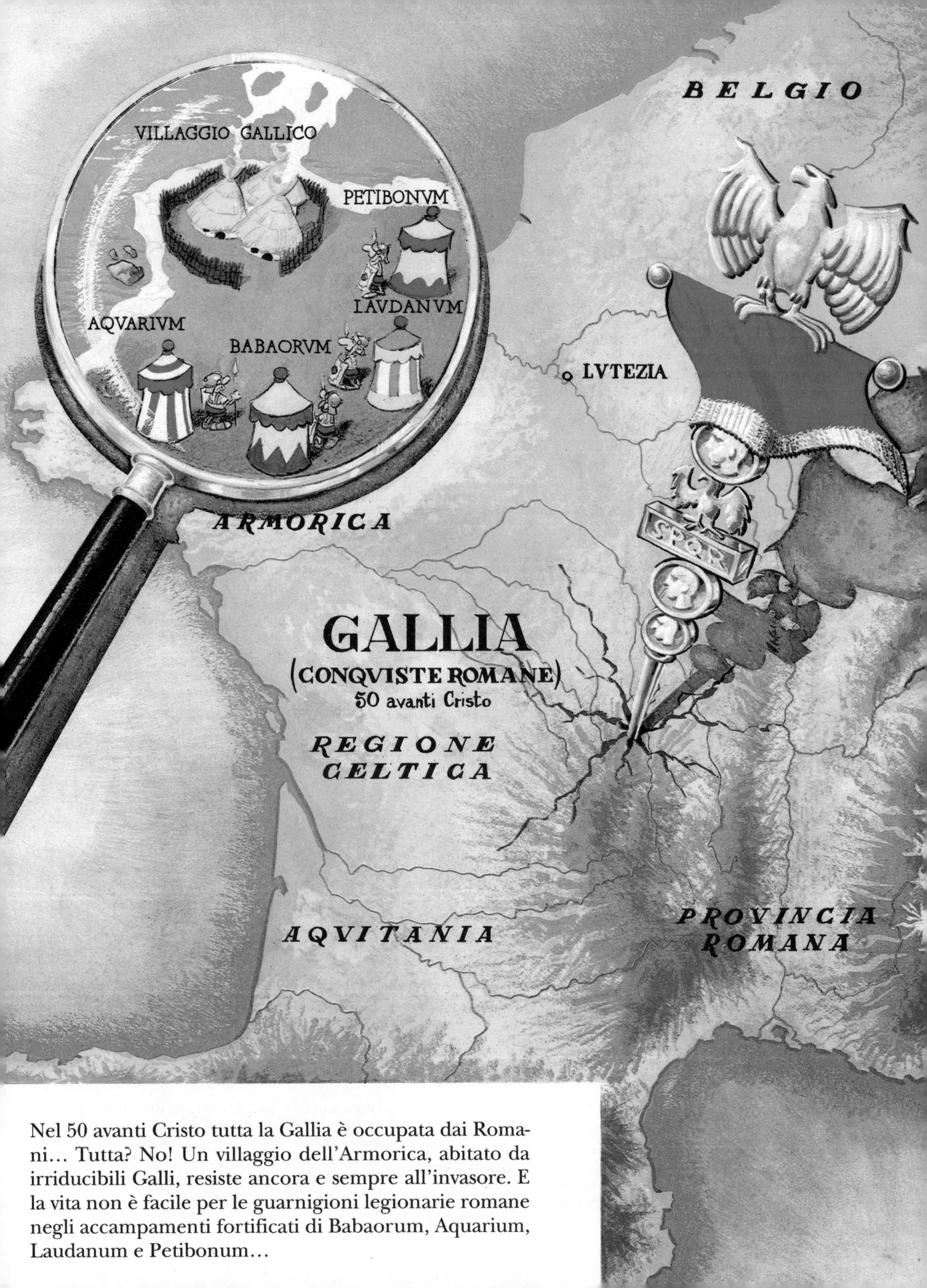
BELGIO
VILLAGGIO GALLICO
PETIBONVM
LAVDANVM
AQVARIVM
BABAORVM
LVTEZIA
SPQR
ARMORICA
GALLIA
(CONQVISTE ROMANE)
50 avanti Cristo
REGIONE
CELTICA
AQVITANIA
PROVINCIA
ROMANA

Nel 50 avanti Cristo tutta la Gallia è occupata dai Romani… Tutta? No! Un villaggio dell'Armorica, abitato da irriducibili Galli, resiste ancora e sempre all'invasore. E la vita non è facile per le guarnigioni legionarie romane negli accampamenti fortificati di Babaorum, Aquarium, Laudanum e Petibonum…

Asterix, eroe di mille galliche avventure, è un piccolo grande guerriero dalla mente vulcanica e dal brillante ingegno. Le missioni piú pericolose sono sempre affidate a lui, che trae la sua forza sovrumana dalla pozione magica del druido Panoramix...

Obelix è l'inseparabile amico di Asterix. Scultore di menhir che consegna personalmente a domicilio, Obelix ha due grandi passioni: cacciare cinghiali per mangiarli arrosto e cacciarsi nella mischia per picchiare sodo. È sempre pronto a mollare tutto per seguire Asterix nelle sue imprese. Insieme a lui c'è Idefix, l'unico cane ecologista al mondo, che ulula disperato se un albero viene abbattuto.

Panoramix è il venerabile druido del villaggio. Raccoglie il vischio e prepara filtri magici tra i quali, suo capolavoro assoluto, una pozione che conferisce a chi la beve una forza sovrumana. Ma Panoramix è molto piú di un erbaiolo con il paiolo...

Assurancetourix è il bardo. Le opinioni sulla sua arte sono assai discordi: lui crede di essere un astro, gli altri lo ritengono un disastro. Ma in fondo è un gran simpaticone e sa farsi voler bene, sempre che tenga il becco chiuso...

Abraracourcix, infine, è il capo della tribú. Maestoso, coraggioso, permaloso, è un condottiero rispettato dai suoi e temuto dai nemici. Di una sola cosa ha paura: che il cielo gli cada sulla testa. Ma si rassicura ogni sera pensando: "Un giorno o l'altro accadrà! Ma non domani!".

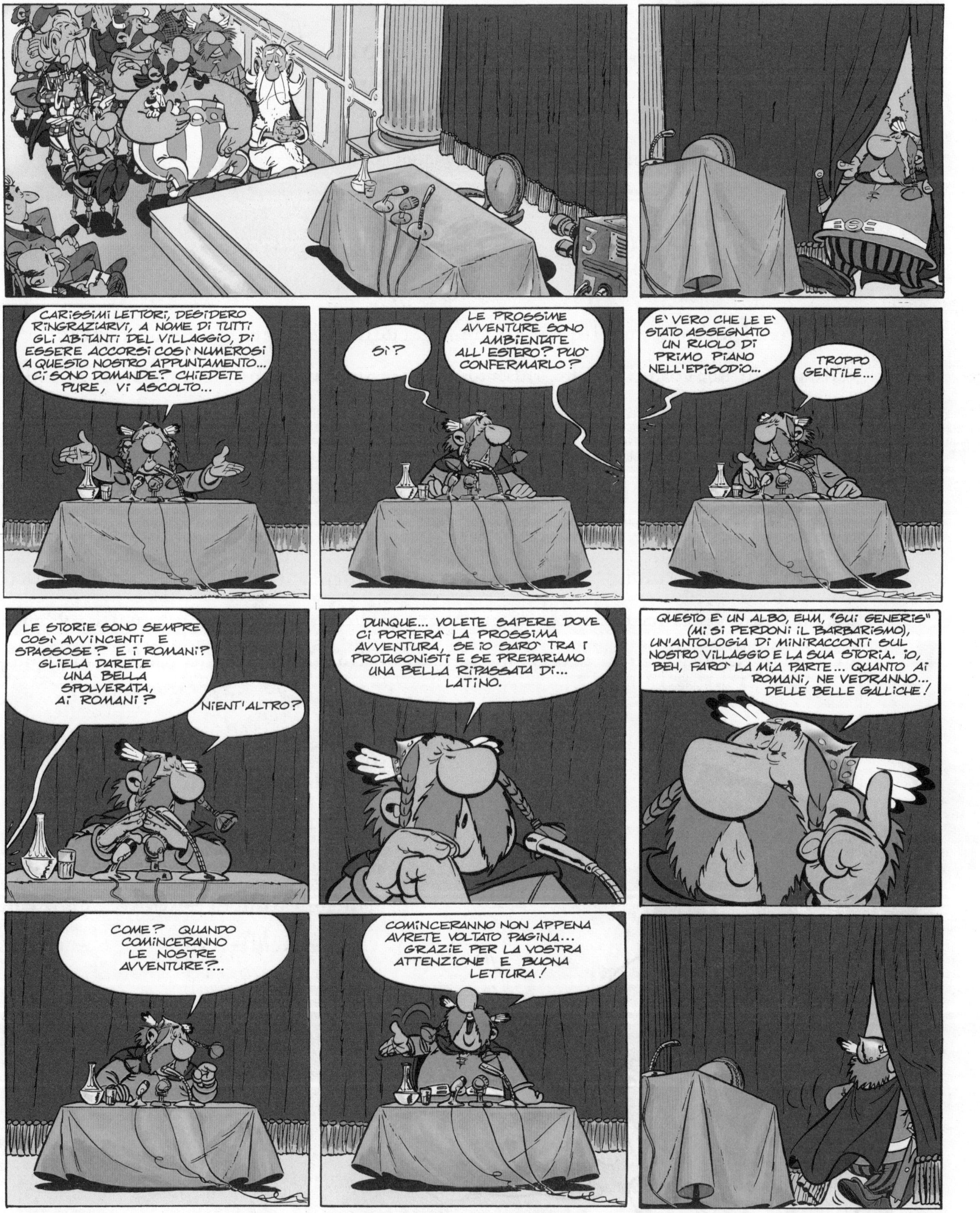
CARISSIMI LETTORI, DESIDERO RINGRAZIARVI, A NOME DI TUTTI GLI ABITANTI DEL VILLAGGIO, DI ESSERE ACCORSI COSÌ NUMEROSI A QUESTO NOSTRO APPUNTAMENTO... CI SONO DOMANDE? CHIEDETE PURE, VI ASCOLTO...
SÌ?
LE PROSSIME AVVENTURE SONO AMBIENTATE ALL'ESTERO? PUÒ CONFERMARLO?
È VERO CHE LE È STATO ASSEGNATO UN RUOLO DI PRIMO PIANO NELL'EPISODIO...
TROPPO GENTILE...
LE STORIE SONO SEMPRE COSÌ AVVINCENTI E SPASSOSE? E I ROMANI? GLIELA DARETE UNA BELLA SPOLVERATA, AI ROMANI?
NIENT'ALTRO?
DUNQUE... VOLETE SAPERE DOVE CI PORTERÀ LA PROSSIMA AVVENTURA, SE IO SARÒ TRA I PROTAGONISTI E SE PREPARIAMO UNA BELLA RIPASSATA DI... LATINO.
QUESTO È UN ALBO, EHM, "SUI GENERIS" (MI SI PERDONI IL BARBARISMO), UN'ANTOLOGIA DI MINIRACCONTI SUL NOSTRO VILLAGGIO E LA SUA STORIA. IO, BEH, FARÒ LA MIA PARTE... QUANTO AI ROMANI, NE VEDRANNO... DELLE BELLE GALLICHE!
COME? QUANDO COMINCERANNO LE NOSTRE AVVENTURE?...
COMINCERANNO NON APPENA AVRETE VOLTATO PAGINA... GRAZIE PER LA VOSTRA ATTENZIONE E BUONA LETTURA!

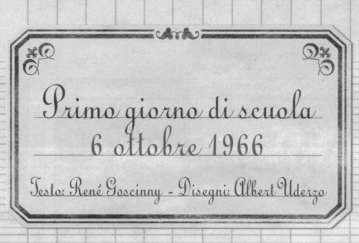

Primo giorno di scuola
6 ottobre 1966

Testo: René Goscinny - Disegni: Albert Uderzo

Con 52 numeri da pubblicare all'anno, i redattori di "Pilote" si dovevano spremere le meningi per trovare ogni settimana un nuovo tema da trattare sulla rivista. Complice l'autunno, quello del ritorno a scuola si è imposto in modo del tutto naturale ai nostri autori che, interrogandosi sui problemi di logistica dei Galli, hanno immaginato, ancora una volta in anticipo sui tempi, l'organizzazione del servizio di "scuolabus" nel 50 a.C.

René si è messo subito alla macchina da scrivere e poi ha spedito la sceneggiatura ad Albert. «Un altro dei pregi di René — ricorda ancora oggi Albert Uderzo — era quello di saper adattare i suoi testi alle esigenze dei vari disegnatori. Morris, ad esempio, detestava i giochi di parole, e così René non ne usava nelle avventure di Lucky Luke. Tabary, invece, ne andava matto, e infatti le avventure di Iznogoud ne sono infarcite.»

L'intesa tra René e Albert era davvero perfetta, rafforzata da un'amicizia e una complicità assolute. Si fidavano ciecamente l'uno dell'altro tanto che la copertina di "Pilote", ad esempio, venne realizzata dal solo Albert.

table de multiplication
V × I = V
V × II = X
V × III = XV
-UDERZO-

"Pilote" n. 363

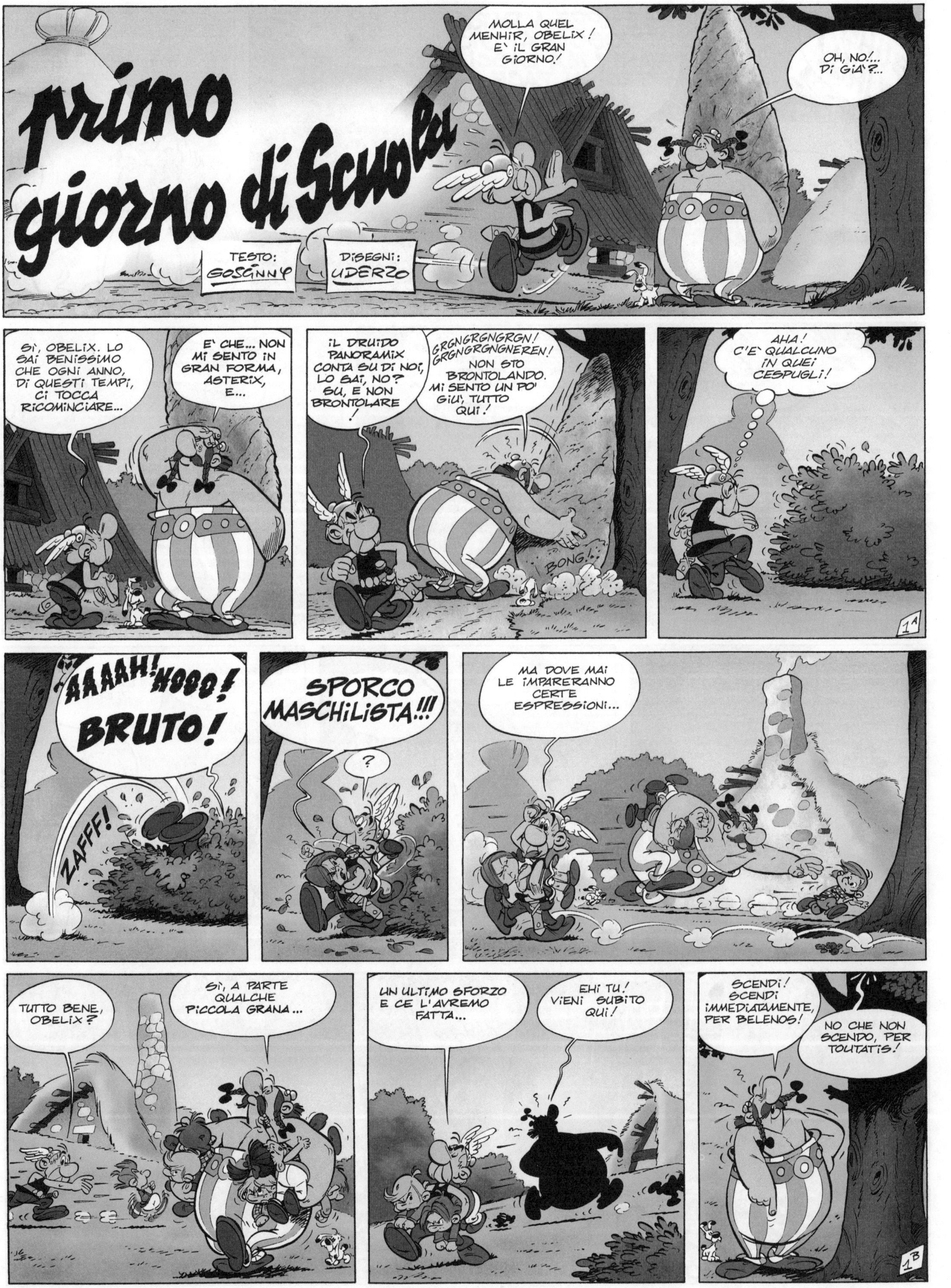
primo giorno di Scuola
TESTO: GOSCINNY
DISEGNI: UDERZO
MOLLA QUEL MENHIR, OBELIX! E' IL GRAN GIORNO!
OH, NO!... DI GIÀ?...
SÌ, OBELIX. LO SAI BENISSIMO CHE OGNI ANNO, DI QUESTI TEMPI, CI TOCCA RICOMINCIARE...
E' CHE... NON MI SENTO IN GRAN FORMA, ASTERIX, E...
IL DRUIDO PANORAMIX CONTA SU DI NOI, LO SAI, NO? SU, E NON BRONTOLARE!
GRGNGRGNGRGN! GRGNGRGNGNEREN! NON STO BRONTOLANDO. MI SENTO UN PO' GIÙ, TUTTO QUI!
BONG!
AHA! C'È QUALCUNO IN QUEI CESPUGLI!
1A
AAAAH! NOOO! BRUTO!
ZAFFF!
SPORCO MASCHILISTA!!!
?
MA DOVE MAI LE IMPARERANNO CERTE ESPRESSIONI...
TUTTO BENE, OBELIX?
SÌ, A PARTE QUALCHE PICCOLA GRANA...
UN ULTIMO SFORZO E CE L'AVREMO FATTA...
EHI TU! VIENI SUBITO QUI!
SCENDI! SCENDI IMMEDIATAMENTE, PER BELENOS!
NO CHE NON SCENDO, PER TOUTATIS!
1B

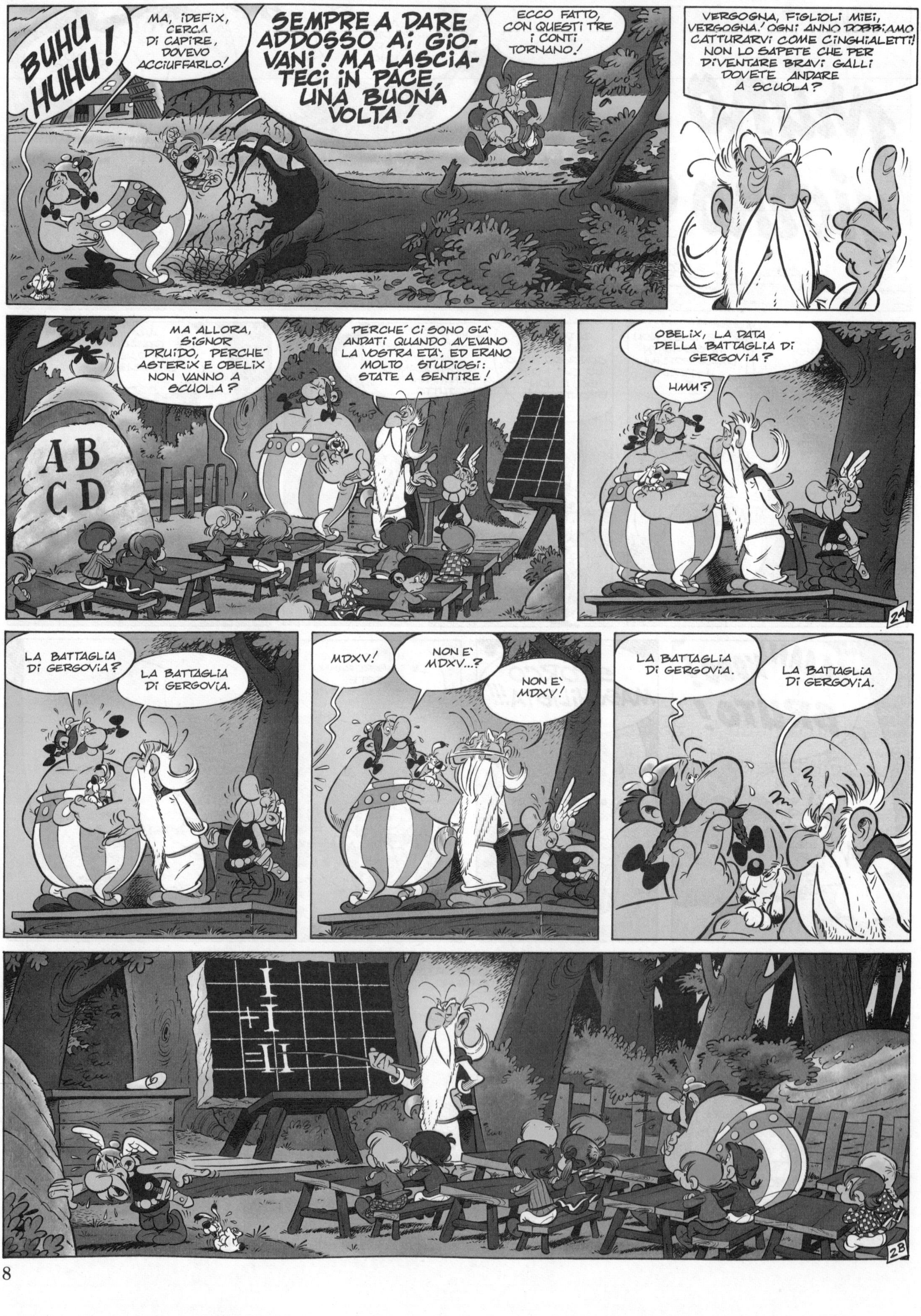
BUHU HUHU!
MA, IDEFIX, CERCA DI CAPIRE, DOVEVO ACCIUFFARLO!
SEMPRE A DARE ADDOSSO AI GIOVANI! MA LASCIATECI IN PACE, UNA BUONA VOLTA!
ECCO FATTO, CON QUESTI TRE I CONTI TORNANO!
VERGOGNA, FIGLIOLI MIEI, VERGOGNA! OGNI ANNO DOBBIAMO CATTURARVI COME CINGHIALETTI! NON LO SAPETE CHE PER DIVENTARE BRAVI GALLI DOVETE ANDARE A SCUOLA?
MA ALLORA, SIGNOR DRUIDO, PERCHE' ASTERIX E OBELIX NON VANNO A SCUOLA?
PERCHE' CI SONO GIA' ANDATI QUANDO AVEVANO LA VOSTRA ETA', ED ERANO MOLTO STUDIOSI: STATE A SENTIRE!
A B
C D
OBELIX, LA DATA DELLA BATTAGLIA DI GERGOVIA?
HMM?
2A
LA BATTAGLIA DI GERGOVIA?
LA BATTAGLIA DI GERGOVIA.
MDXV!
NON E' MDXV...?
NON E' MDXV!
LA BATTAGLIA DI GERGOVIA.
LA BATTAGLIA DI GERGOVIA.
I
+I
=II
2B

La nascita di Asterix

Ottobre 1994

Testo e disegni: Albert Uderzo

Nel 1994 Asterix compiva 35 anni... Per celebrare degnamente questo avvenimento, avevamo pensato di pubblicare uno Speciale sul piccolo Gallo, un solo ed unico numero di un giornalino in stile "Pilote" anni Sessanta.
Il nostro progetto entusiasmò numerose personalità e diversi autori europei, appassionati lettori delle avventure di Asterix e compagni. Oltre alla loro testimonianza, speravamo bene di inserire nel nostro Speciale una storia inedita... Fu in un aereo diretto a Copenaghen, nella primavera del 1994, che Albert Uderzo ci confidò cosa aveva in mente come regalo di compleanno per Asterix.
Già pregustava il piacere di inventare la trama e schizzare i disegni di queste pagine originali. Si divertiva un mondo all'idea di svelare il segreto della nascita di Asterix e Obelix, di rivelare infine l'identità dei loro genitori: Pralina e Astronomix per il primo, Gelatina e Obellodalix per il secondo.

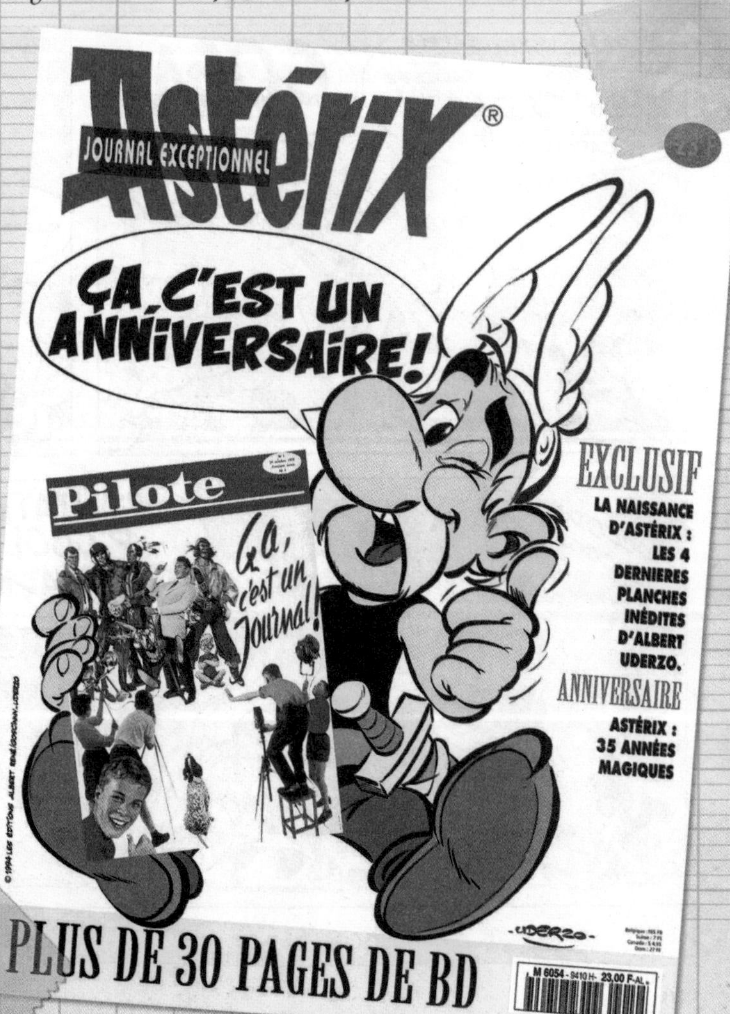
Astérix®
JOURNAL EXCEPTIONNEL
ÇA C'EST UN ANNIVERSAIRE!
Pilote
Ça, c'est un journal!
EXCLUSIF
LA NAISSANCE D'ASTÉRIX : LES 4 DERNIERES PLANCHES INÉDITES D'ALBERT UDERZO.
ANNIVERSAIRE
ASTÉRIX : 35 ANNÉES MAGIQUES
UDERZO
PLUS DE 30 PAGES DE BD

La copertina dello Speciale.

NEL 35 a.C.*

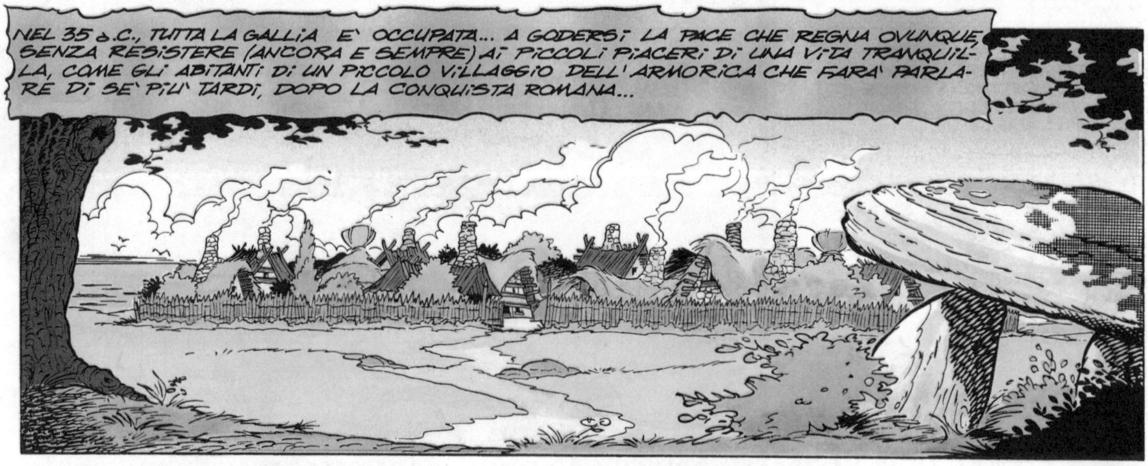
NEL 35 a.C., TUTTA LA GALLIA E' OCCUPATA... A GODERSI LA PACE CHE REGNA OVUNQUE, SENZA RESISTERE (ANCORA E SEMPRE) AI PICCOLI PIACERI DI UNA VITA TRANQUILLA, COME GLI ABITANTI DI UN PICCOLO VILLAGGIO DELL'ARMORICA CHE FARA' PARLARE DI SE' PIU' TARDI, DOPO LA CONQUISTA ROMANA...

*AVANTI CESARE

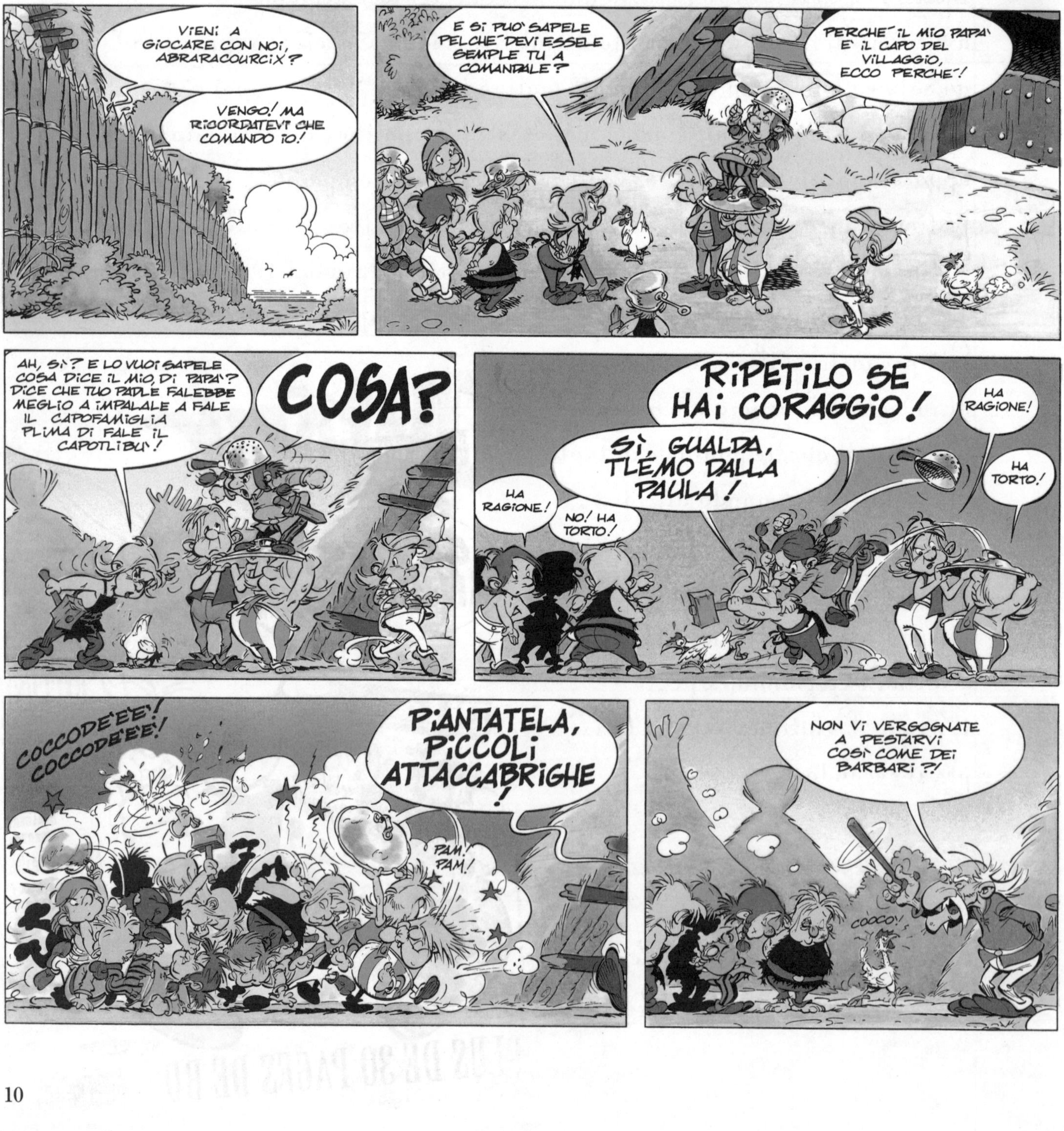
VIENI A GIOCARE CON NOI, ABRARACOURCIX?
VENGO! MA RICORDATEVI CHE COMANDO IO!
E SI PUO' SAPELE PELCHE' DEVI ESSELE SEMPLE TU A COMANDALE?
PERCHE' IL MIO PAPA' E' IL CAPO DEL VILLAGGIO, ECCO PERCHE'!
AH, SI? E LO VUOI SAPELE COSA DICE IL MIO, DI PAPA'? DICE CHE TUO PADLE FALEBBE MEGLIO A IMPALALE A FALE IL CAPOFAMIGLIA PLIMA DI FALE IL CAPOTLIBU'!
COSA?
RIPETILO SE HAI CORAGGIO!
HA RAGIONE!
SI, GUALDA, TLEMO DALLA PAULA!
HA TORTO!
HA RAGIONE!
NO! HA TORTO!
COCCODE'E'E! COCCODE'E'E!
PIANTATELA, PICCOLI ATTACCABRIGHE!
PAM! PAM!
NON VI VERGOGNATE A PESTARVI COSI' COME DEI BARBARI?!
COCCO!

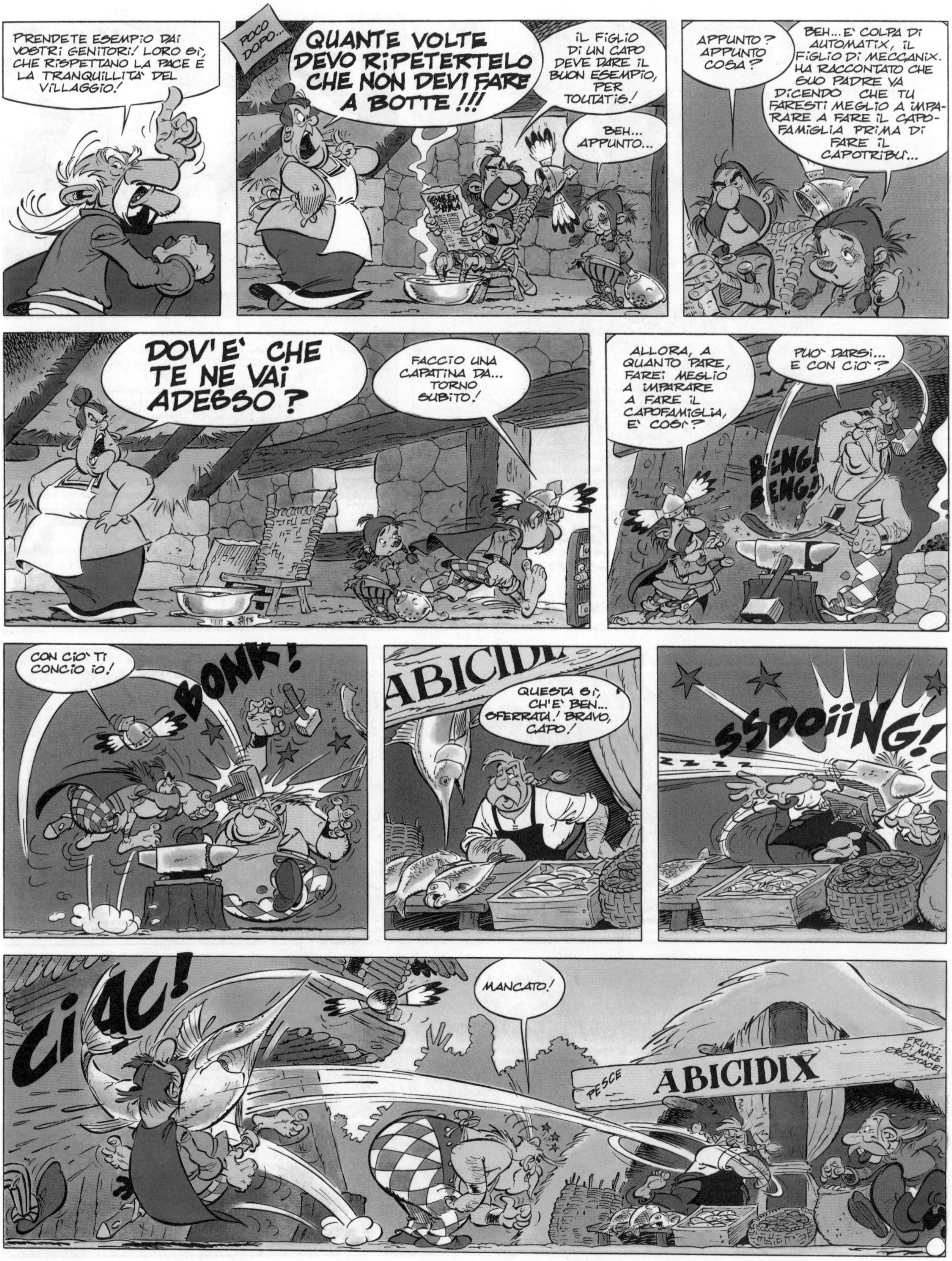
PRENDETE ESEMPIO DAI VOSTRI GENITORI! LORO SÌ, CHE RISPETTANO LA PACE E LA TRANQUILLITÀ DEL VILLAGGIO!
POCO DOPO...
QUANTE VOLTE DEVO RIPETERTELO CHE NON DEVI FARE A BOTTE!!!
IL FIGLIO DI UN CAPO DEVE DARE IL BUON ESEMPIO, PER TOUTATIS!
BEH... APPUNTO...
APPUNTO? APPUNTO COSA?
BEH... È COLPA DI AUTOMATIX, IL FIGLIO DI MECCANIX. HA RACCONTATO CHE SUO PADRE VA DICENDO CHE TU FARESTI MEGLIO A IMPARARE A FARE IL CAPOFAMIGLIA PRIMA DI FARE IL CAPOTRIBÙ...
DOV'È CHE TE NE VAI ADESSO?
FACCIO UNA CAPATINA DA... TORNO SUBITO!
ALLORA, A QUANTO PARE, FAREI MEGLIO A IMPARARE A FARE IL CAPOFAMIGLIA, È COSÌ?
PUÒ DARSI... E CON CIÒ?
BENG! BENG!
CON CIÒ TI CONCIO IO!
BONK!
ABICIDI
QUESTA SÌ, CH'È BEN... SFERRATA! BRAVO, CAPO!
SSDOIING!
CIAC!
MANCATO!
PESCE ABICIDIX
FRUTTI DI MARE CROSTACEI

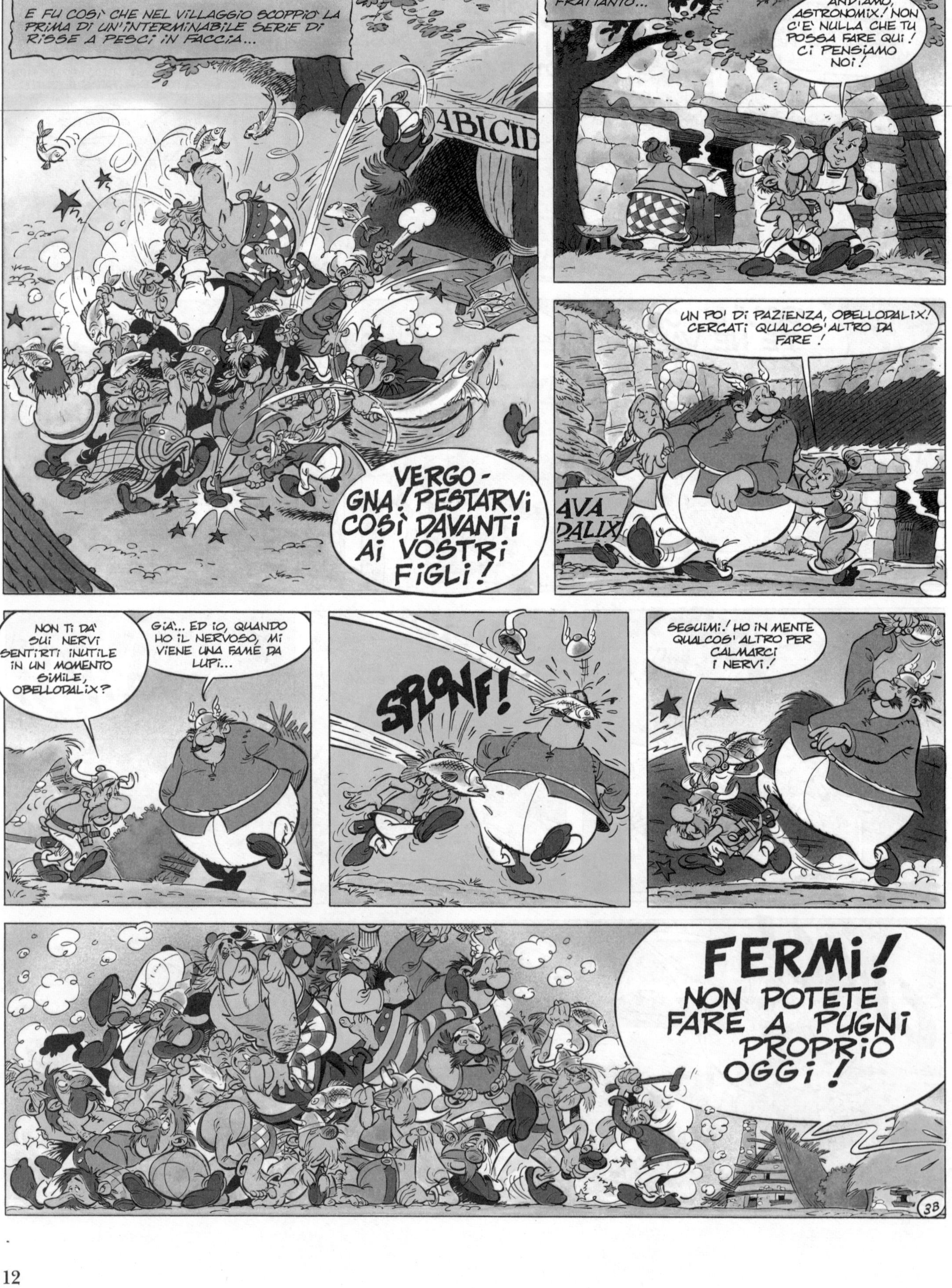
E FU COSÌ CHE NEL VILLAGGIO SCOPPIÒ LA PRIMA DI UN'INTERMINABILE SERIE DI RISSE A PESCI IN FACCIA...
ABICID
VERGOGNA! PESTARVI COSÌ DAVANTI AI VOSTRI FIGLI!
FRATTANTO...
ANDIAMO, ASTRONOMIX! NON C'È NULLA CHE TU POSSA FARE QUI! CI PENSIAMO NOI!
UN PO' DI PAZIENZA, OBELLODALIX! CERCATI QUALCOS'ALTRO DA FARE!
AVA DALIX
NON TI DÀ SUI NERVI SENTIRTI INUTILE IN UN MOMENTO SIMILE, OBELLODALIX?
GIÀ... ED IO, QUANDO HO IL NERVOSO, MI VIENE UNA FAME DA LUPI...
SPLONF!
SEGUIMI! HO IN MENTE QUALCOS'ALTRO PER CALMARCI I NERVI!
FERMI! NON POTETE FARE A PUGNI PROPRIO OGGI!

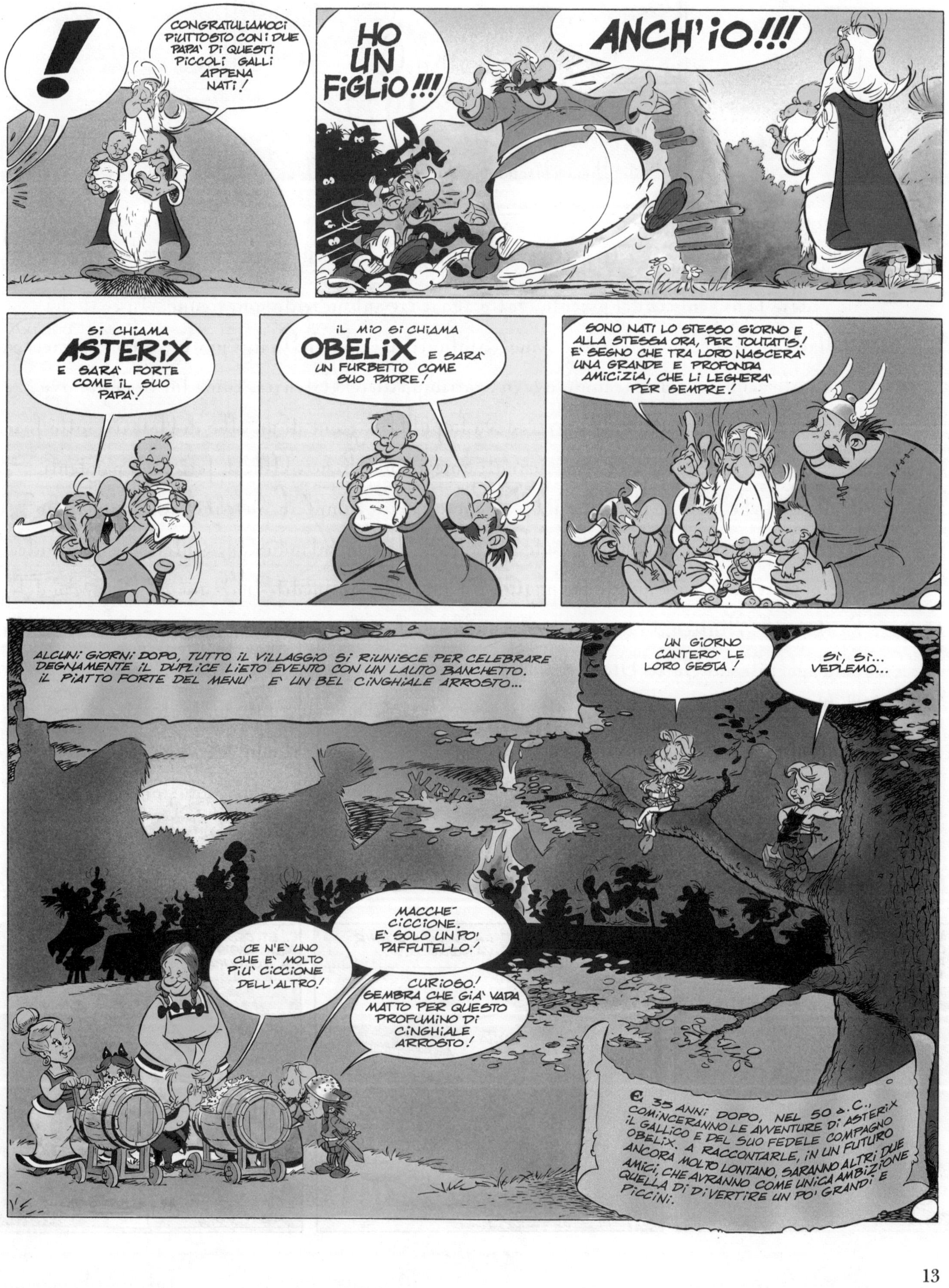
!
CONGRATULIAMOCI PIUTTOSTO CON I DUE PAPÀ DI QUESTI PICCOLI GALLI APPENA NATI!
HO UN FIGLIO!!!
ANCH'IO!!!
SI CHIAMA ASTERIX E SARÀ FORTE COME IL SUO PAPÀ!
IL MIO SI CHIAMA OBELIX E SARÀ UN FURBETTO COME SUO PADRE!
SONO NATI LO STESSO GIORNO E ALLA STESSA ORA, PER TOUTATIS! È SEGNO CHE TRA LORO NASCERÀ UNA GRANDE E PROFONDA AMICIZIA, CHE LI LEGHERÀ PER SEMPRE!
ALCUNI GIORNI DOPO, TUTTO IL VILLAGGIO SI RIUNISCE PER CELEBRARE DEGNAMENTE IL DUPLICE LIETO EVENTO CON UN LAUTO BANCHETTO. IL PIATTO FORTE DEL MENÙ È UN BEL CINGHIALE ARROSTO...
UN GIORNO CANTERÒ LE LORO GESTA!
SÌ, SÌ... VEDLEMO...
CE N'È UNO CHE È MOLTO PIÙ CICCIONE DELL'ALTRO!
MACCHÉ CICCIONE. È SOLO UN PO' PAFFUTELLO!
CURIOSO! SEMBRA CHE GIÀ VADA MATTO PER QUESTO PROFUMINO DI CINGHIALE ARROSTO!
E 35 ANNI DOPO, NEL 50 a.C., COMINCERANNO LE AVVENTURE DI ASTERIX IL GALLICO E DEL SUO FEDELE COMPAGNO OBELIX. A RACCONTARLE, IN UN FUTURO ANCORA MOLTO LONTANO, SARANNO ALTRI DUE AMICI, CHE AVRANNO COME UNICA AMBIZIONE QUELLA DI DIVERTIRE UN PO' GRANDI E PICCINI.

Nel 50 a.C.
Maggio 1977

Testo: René Goscinny - Disegni: Albert Uderzo

L'ambizione di Georges Dargaud, editore francese di "Pilote" e degli albi di Asterix, era di vedere le avventure del piccolo Gallo sbarcare sul mercato americano. Fu cosí che il direttore di un consorzio di giornali statunitensi andò a Parigi per incontrare i creatori di questo fenomeno di cui tanto aveva sentito parlare: Asteurix, come lui lo chiamava... L'accordo fu presto trovato e prevedeva la pubblicazione di un albo di Asterix sotto forma di "strisce" quotidiane su vari giornali americani. René e Albert, felici ma prudenti, si dissero che forse, prima di pubblicare una storia completa, sarebbe stato opportuno presentare agli americani il mondo di Asterix, con un'introduzione sintetica e originale. Ecco come sono nate queste tre pagine rimaste a lungo inedite in Francia. Una vera delizia. È stato il "National Geographic" a pubblicarle nel numero di maggio 1977, in occasione di uno speciale sui Galli. Gli sforzi dei nostri autori furono però inutili: il formato americano delle "strisce", con vignette molto piú piccole, aveva comportato un taglio drastico dei dialoghi, impoverendo l'efficacia dei testi. Poiché gli autori non volevano che le loro storie venissero modificate piú di quanto richiedeva il normale lavoro di traduzione e adattamento, l'esperimento si concluse alla fine del primo albo: Albert e René declinarono l'offerta di espatriare per adeguare il loro lavoro al "formato americano".

IL Y AVAIT DEUX SORTES DE GAULOIS. CEUX QUI AVAIENT ACCEPTÉ LA DOMINATION DE L'ENVAHISSEUR ROMAIN...
CÆSAR
...ET QUI IMITAIENT LA FAÇON D'AGIR ET DE PARLER DES VAINQUEURS...
QUO VADIS M'SIEUR
ALEA JACTA EST...
...ET CEUX, PASSIONNÉS DE LIBERTÉ, QUI RÉSISTAIENT ENCORE ET TOUJOURS À L'OCCUPANT.
CÆSAR

"National Geographic"

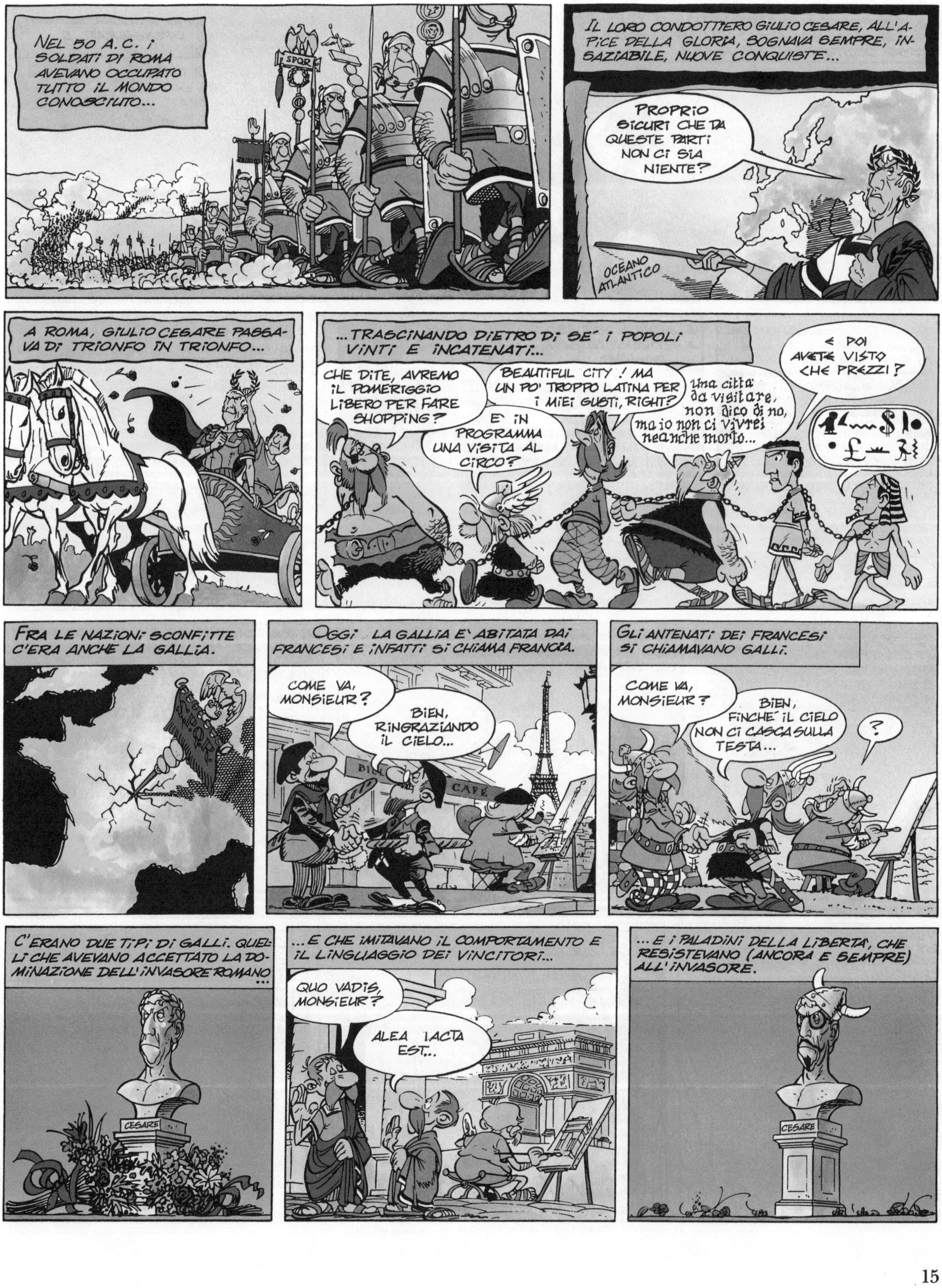

NEL 50 A.C. I SOLDATI DI ROMA AVEVANO OCCUPATO TUTTO IL MONDO CONOSCIUTO...
SPQR
IL LORO CONDOTTIERO GIULIO CESARE, ALL'APICE DELLA GLORIA, SOGNAVA SEMPRE, INSAZIABILE, NUOVE CONQUISTE...
PROPRIO SICURI CHE DA QUESTE PARTI NON CI SIA NIENTE?
OCEANO ATLANTICO
A ROMA, GIULIO CESARE PASSAVA DI TRIONFO IN TRIONFO...
...TRASCINANDO DIETRO DI SÉ I POPOLI VINTI E INCATENATI...
CHE DITE, AVREMO IL POMERIGGIO LIBERO PER FARE SHOPPING?
È IN PROGRAMMA UNA VISITA AL CIRCO?
BEAUTIFUL CITY! MA UN PO' TROPPO LATINA PER I MIEI GUSTI, RIGHT?
Una città da visitare, non dico di no, ma io non ci vivrei neanche morto...
E POI AVETE VISTO CHE PREZZI?
FRA LE NAZIONI SCONFITTE C'ERA ANCHE LA GALLIA.
OGGI LA GALLIA È ABITATA DAI FRANCESI E INFATTI SI CHIAMA FRANCIA.
COME VA, MONSIEUR?
BIEN, RINGRAZIANDO IL CIELO...
CAFÉ
GLI ANTENATI DEI FRANCESI SI CHIAMAVANO GALLI.
COME VA, MONSIEUR?
BIEN, FINCHÉ IL CIELO NON CI CASCA SULLA TESTA...
?
C'ERANO DUE TIPI DI GALLI. QUELLI CHE AVEVANO ACCETTATO LA DOMINAZIONE DELL'INVASORE ROMANO...
CESARE
...E CHE IMITAVANO IL COMPORTAMENTO E IL LINGUAGGIO DEI VINCITORI...
QUO VADIS, MONSIEUR?
ALEA IACTA EST...
...E I PALADINI DELLA LIBERTÀ, CHE RESISTEVANO (ANCORA E SEMPRE) ALL'INVASORE.
CESARE

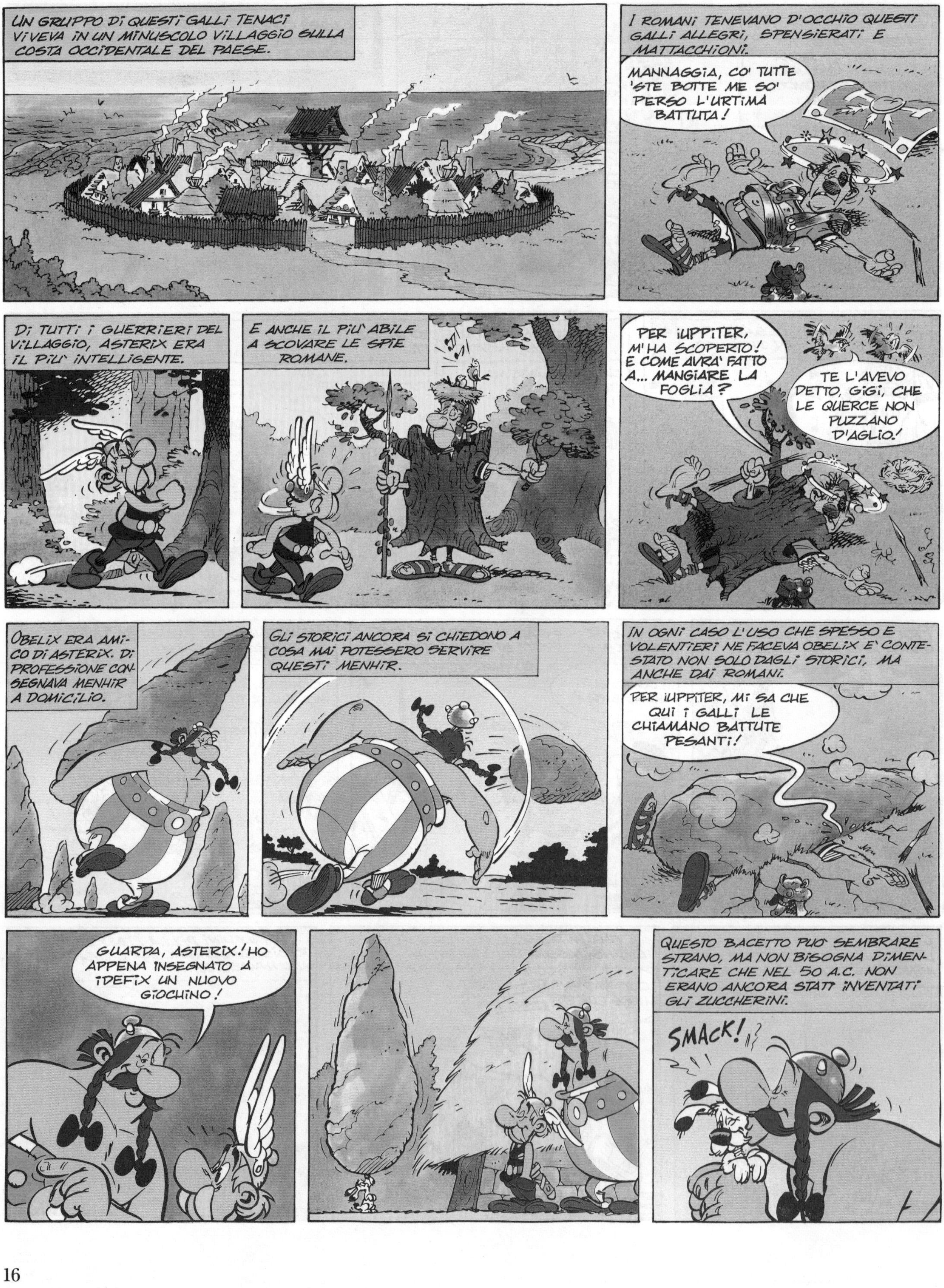
UN GRUPPO DI QUESTI GALLI TENACI VIVEVA IN UN MINUSCOLO VILLAGGIO SULLA COSTA OCCIDENTALE DEL PAESE.
I ROMANI TENEVANO D'OCCHIO QUESTI GALLI ALLEGRI, SPENSIERATI E MATTACCHIONI.
MANNAGGIA, CO' TUTTE 'STE BOTTE ME SO' PERSO L'URTIMA BATTUTA!
DI TUTTI I GUERRIERI DEL VILLAGGIO, ASTERIX ERA IL PIÙ INTELLIGENTE.
E ANCHE IL PIÙ ABILE A SCOVARE LE SPIE ROMANE.
PER IUPPITER, M'HA SCOPERTO! E COME AVRÀ FATTO A... MANGIARE LA FOGLIA?
TE L'AVEVO DETTO, GIGI, CHE LE QUERCE NON PUZZANO D'AGLIO!
OBELIX ERA AMICO DI ASTERIX. DI PROFESSIONE CONSEGNAVA MENHIR A DOMICILIO.
GLI STORICI ANCORA SI CHIEDONO A COSA MAI POTESSERO SERVIRE QUESTI MENHIR.
IN OGNI CASO L'USO CHE SPESSO E VOLENTIERI NE FACEVA OBELIX È CONTESTATO NON SOLO DAGLI STORICI, MA ANCHE DAI ROMANI.
PER IUPPITER, MI SA CHE QUI I GALLI LE CHIAMANO BATTUTE PESANTI!
GUARDA, ASTERIX! HO APPENA INSEGNATO A IDEFIX UN NUOVO GIOCHINO!
QUESTO BACETTO PUÒ SEMBRARE STRANO, MA NON BISOGNA DIMENTICARE CHE NEL 50 A.C. NON ERANO ANCORA STATI INVENTATI GLI ZUCCHERINI.
SMACK!

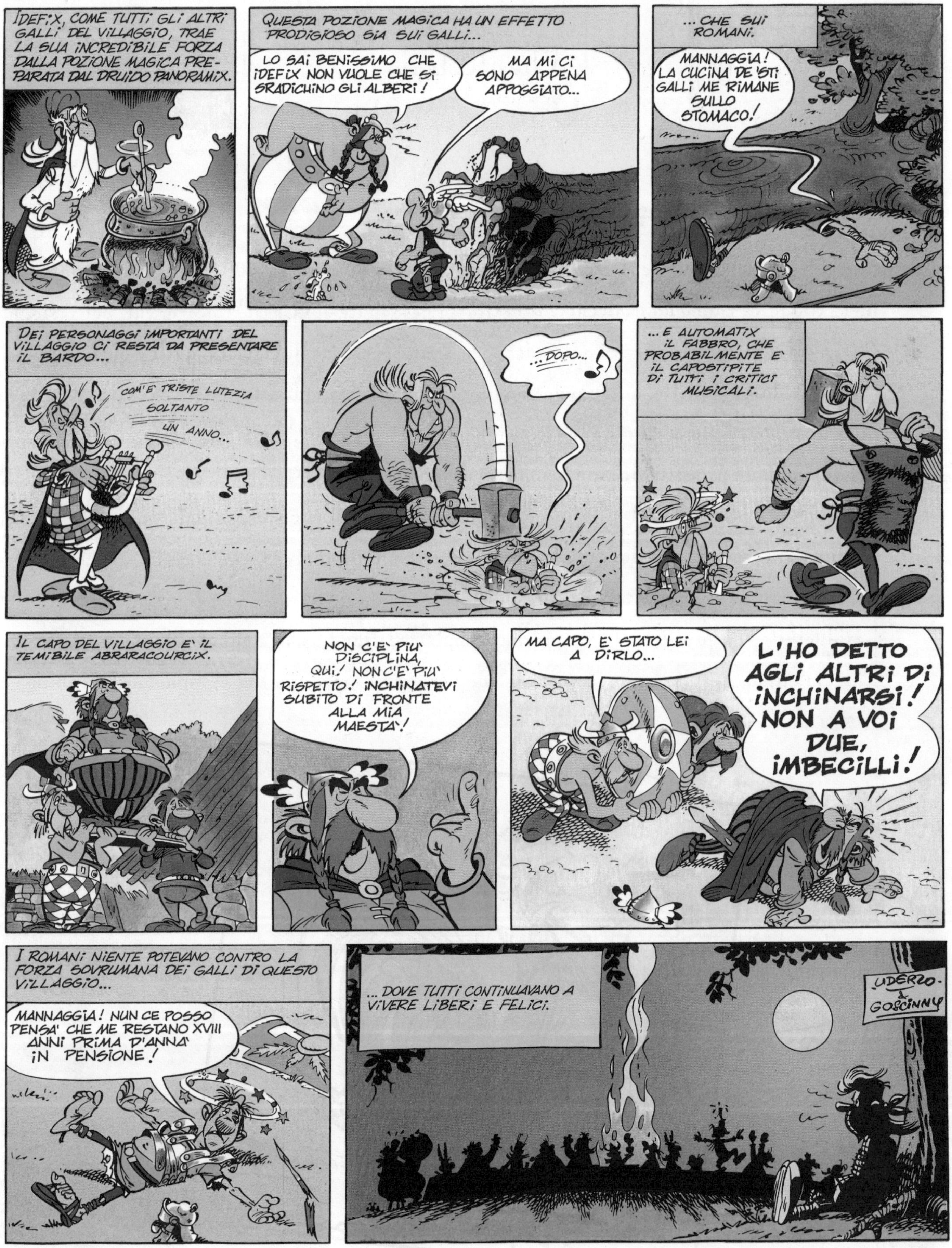
IDEFIX, COME TUTTI GLI ALTRI GALLI DEL VILLAGGIO, TRAE LA SUA INCREDIBILE FORZA DALLA POZIONE MAGICA PREPARATA DAL DRUIDO PANORAMIX.
QUESTA POZIONE MAGICA HA UN EFFETTO PRODIGIOSO SIA SUI GALLI...
LO SAI BENISSIMO CHE IDEFIX NON VUOLE CHE SI SRADICHINO GLI ALBERI!
MA MI CI SONO APPENA APPOGGIATO...
...CHE SUI ROMANI.
MANNAGGIA! LA CUCINA DE 'STI GALLI ME RIMANE SULLO STOMACO!
DEI PERSONAGGI IMPORTANTI DEL VILLAGGIO CI RESTA DA PRESENTARE IL BARDO...
COM'È TRISTE LUTEZIA SOLTANTO UN ANNO...
...DOPO...
...E AUTOMATIX IL FABBRO, CHE PROBABILMENTE È IL CAPOSTIPITE DI TUTTI I CRITICI MUSICALI.
IL CAPO DEL VILLAGGIO È IL TEMIBILE ABRARACOURCIX.
NON C'È PIÙ DISCIPLINA, QUI! NON C'È PIÙ RISPETTO! INCHINATEVI SUBITO DI FRONTE ALLA MIA MAESTÀ!
MA CAPO, È STATO LEI A DIRLO...
L'HO DETTO AGLI ALTRI DI INCHINARSI! NON A VOI DUE, IMBECILLI!
I ROMANI NIENTE POTEVANO CONTRO LA FORZA SOVRUMANA DEI GALLI DI QUESTO VILLAGGIO...
MANNAGGIA! NUN CE POSSO PENSA' CHE ME RESTANO XVIII ANNI PRIMA D'ANNA' IN PENSIONE!
...DOVE TUTTI CONTINUAVANO A VIVERE LIBERI E FELICI.
UDERZO & GOSCINNY

Chanteclerix
Agosto 2003
Testo e disegni: Albert Uderzo

Queste cinque pagine del tutto inedite, terminate nel maggio del 2003 e dedicate al gallo del villaggio, vanno ad arricchire il bestiario personale di Albert Uderzo, che, del resto, ha sempre avuto un debole per i gallinacei. In ogni avventura di Asterix, galli e galline fanno capolino dalle vignette, occupando con discrezione un loro piccolo spazio che Albert riserva alle loro fugaci ma costanti apparizioni con sincero affetto. Le origini di questa storia risalgono a un progetto di animazione di un'avventura di Asterix. Uderzo aveva sviluppato insieme a Goscinny un film "pilota" a disegni animati il cui protagonista era... Idefix. Una vera rarità rimasta ignota a tutti. Trent'anni dopo, Albert rivede per caso la pellicola e cede alla tentazione di divertirsi ancora con le alate creature che affollano il villaggio degli irriducibili. La foresta del Mago Merlino, Brocéliande, non è poi così lontana... Chissà che i magici poteri dell'eroico volatile non vengano proprio da lí... (Comunque, acqua in bocca con Obelix!)

Il gallo gallic

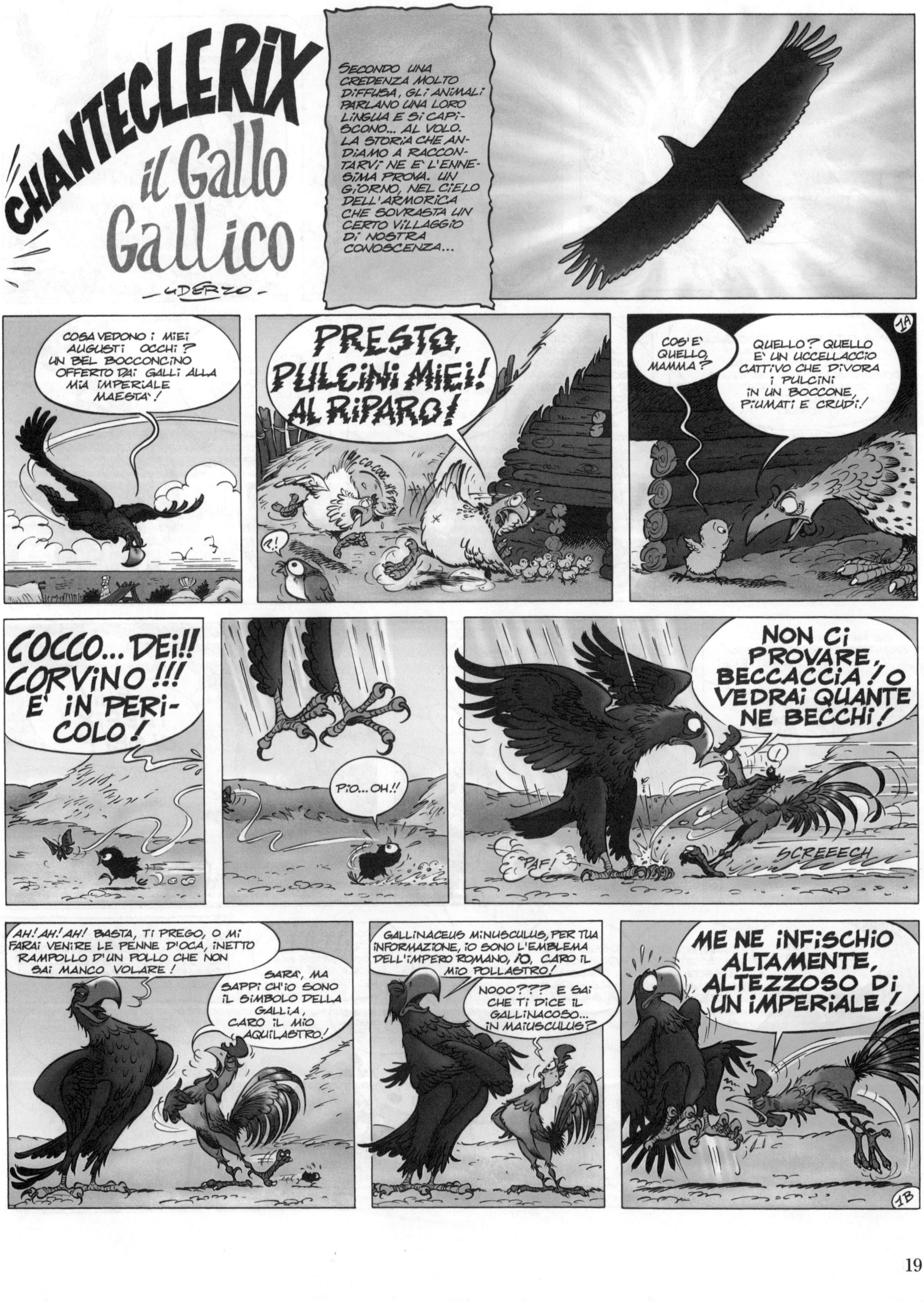

CHANTECLERIX il Gallo Gallico
UDERZO
SECONDO UNA CREDENZA MOLTO DIFFUSA, GLI ANIMALI PARLANO UNA LORO LINGUA E SI CAPISCONO... AL VOLO. LA STORIA CHE ANDIAMO A RACCONTARVI NE È L'ENNESIMA PROVA. UN GIORNO, NEL CIELO DELL'ARMORICA CHE SOVRASTA UN CERTO VILLAGGIO DI NOSTRA CONOSCENZA...
COSA VEDONO I MIEI AUGUSTI OCCHI? UN BEL BOCCONCINO OFFERTO DAI GALLI ALLA MIA IMPERIALE MAESTÀ!
PRESTO, PULCINI MIEI! AL RIPARO!
CO-COC...
?!
1A
COS'È QUELLO, MAMMA?
QUELLO? QUELLO È UN UCCELLACCIO CATTIVO CHE DIVORA I PULCINI IN UN BOCCONE, PIUMATI E CRUDI!
COCCO... DEI!! CORVINO!!! È IN PERICOLO!
PIO...OH!!
NON CI PROVARE, BECCACCIA! O VEDRAI QUANTE NE BECCHI!
!
PAF!
SCREEECH
AH! AH! AH! BASTA, TI PREGO, O MI FARAI VENIRE LE PENNE D'OCA, INETTO RAMPOLLO D'UN POLLO CHE NON SAI MANCO VOLARE!
SARÀ, MA SAPPI CH'IO SONO IL SIMBOLO DELLA GALLIA, CARO IL MIO AQUILASTRO!
GALLINACEUS MINUSCULUS, PER TUA INFORMAZIONE, IO SONO L'EMBLEMA DELL'IMPERO ROMANO, IO, CARO IL MIO POLLASTRO!
NOOO??? E SAI CHE TI DICE IL GALLINACOSO... IN MAIUSCULUS?
ME NE INFISCHIO ALTAMENTE, ALTEZZOSO DI UN IMPERIALE!
1B

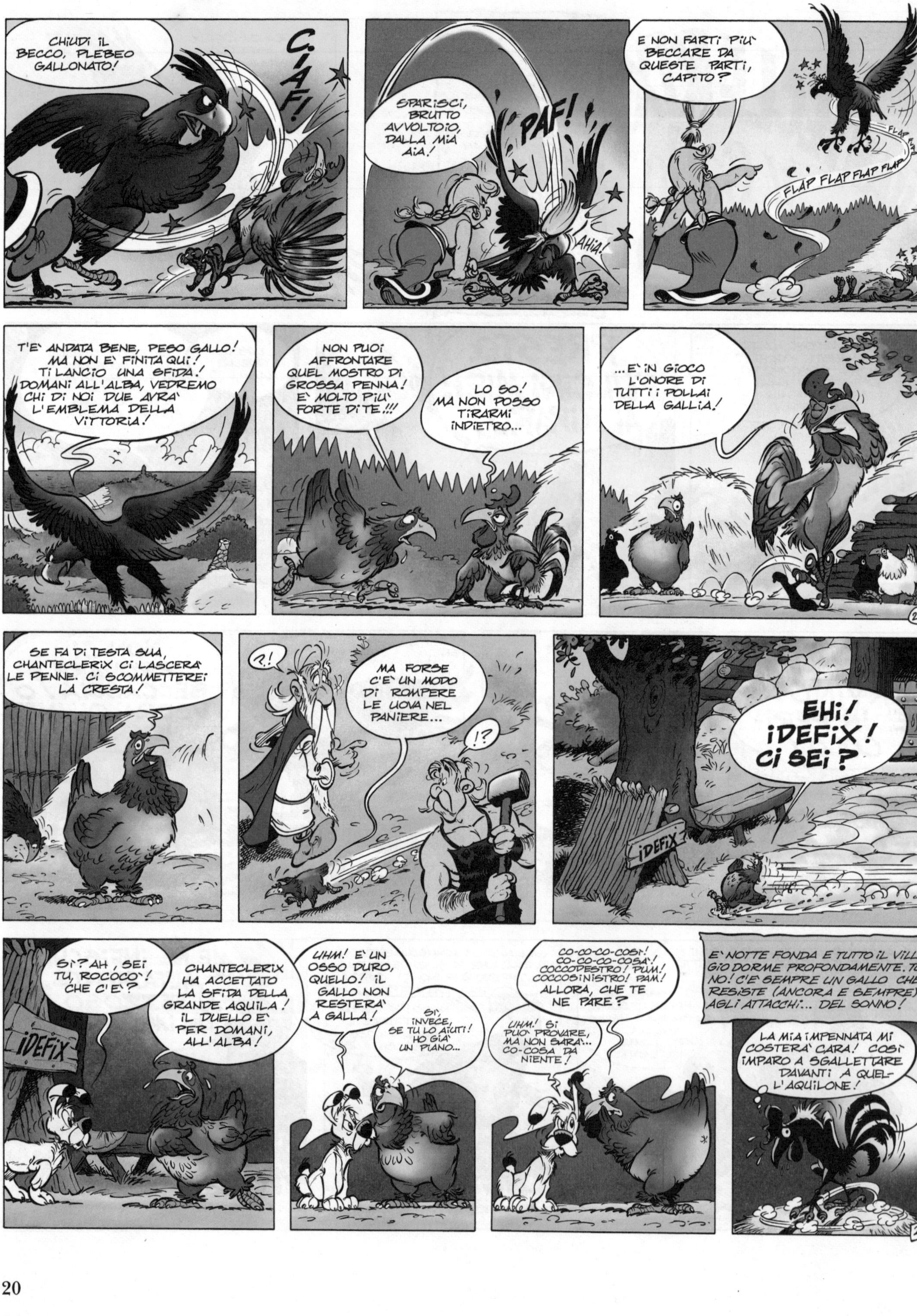
CHIUDI IL BECCO, PLEBEO GALLONATO!
CIAF!
SPARISCI, BRUTTO AVVOLTOIO, DALLA MIA AIA!
PAF!
AHIA!
E NON FARTI PIÙ BECCARE DA QUESTE PARTI, CAPITO?
FLAP FLAP FLAP FLAP
T'È ANDATA BENE, PESO GALLO! MA NON È FINITA QUI! TI LANCIO UNA SFIDA! DOMANI ALL'ALBA, VEDREMO CHI DI NOI DUE AVRÀ L'EMBLEMA DELLA VITTORIA!
NON PUOI AFFRONTARE QUEL MOSTRO DI GROSSA PENNA! È MOLTO PIÙ FORTE DI TE!!!
LO SO! MA NON POSSO TIRARMI INDIETRO...
...È IN GIOCO L'ONORE DI TUTTI I POLLAI DELLA GALLIA!
2A
SE FA DI TESTA SUA, CHANTECLERIX CI LASCERÀ LE PENNE. CI SCOMMETTEREI LA CRESTA!
?!
MA FORSE C'È UN MODO DI ROMPERE LE UOVA NEL PANIERE...
!?
EHI! IDEFIX! CI SEI?
IDEFIX
SÌ? AH, SEI TU, ROCOCÒ! CHE C'È?
IDEFIX
CHANTECLERIX HA ACCETTATO LA SFIDA DELLA GRANDE AQUILA! IL DUELLO È PER DOMANI, ALL'ALBA!
UHM! È UN OSSO DURO, QUELLO! IL GALLO NON RESTERÀ A GALLA!
SÌ, INVECE, SE TU LO AIUTI! HO GIÀ UN PIANO...
CO-CO-CO-COSÌ! CO-CO-CO-COSÀ! COCCODESTRO! PUM! COCCOSINISTRO! PAM! ALLORA, CHE TE NE PARE?
UHM! SI PUÒ PROVARE, MA NON SARÀ... CO-COSA DA NIENTE!
È NOTTE FONDA E TUTTO IL VILLAGGIO DORME PROFONDAMENTE. TUTTO? NO! C'È SEMPRE UN GALLO CHE RESISTE (ANCORA E SEMPRE) AGLI ATTACCHI... DEL SONNO!
LA MIA IMPENNATA MI COSTERÀ CARA! COSÌ IMPARO A SGALLETTARE DAVANTI A QUELL'AQUILONE!
2B

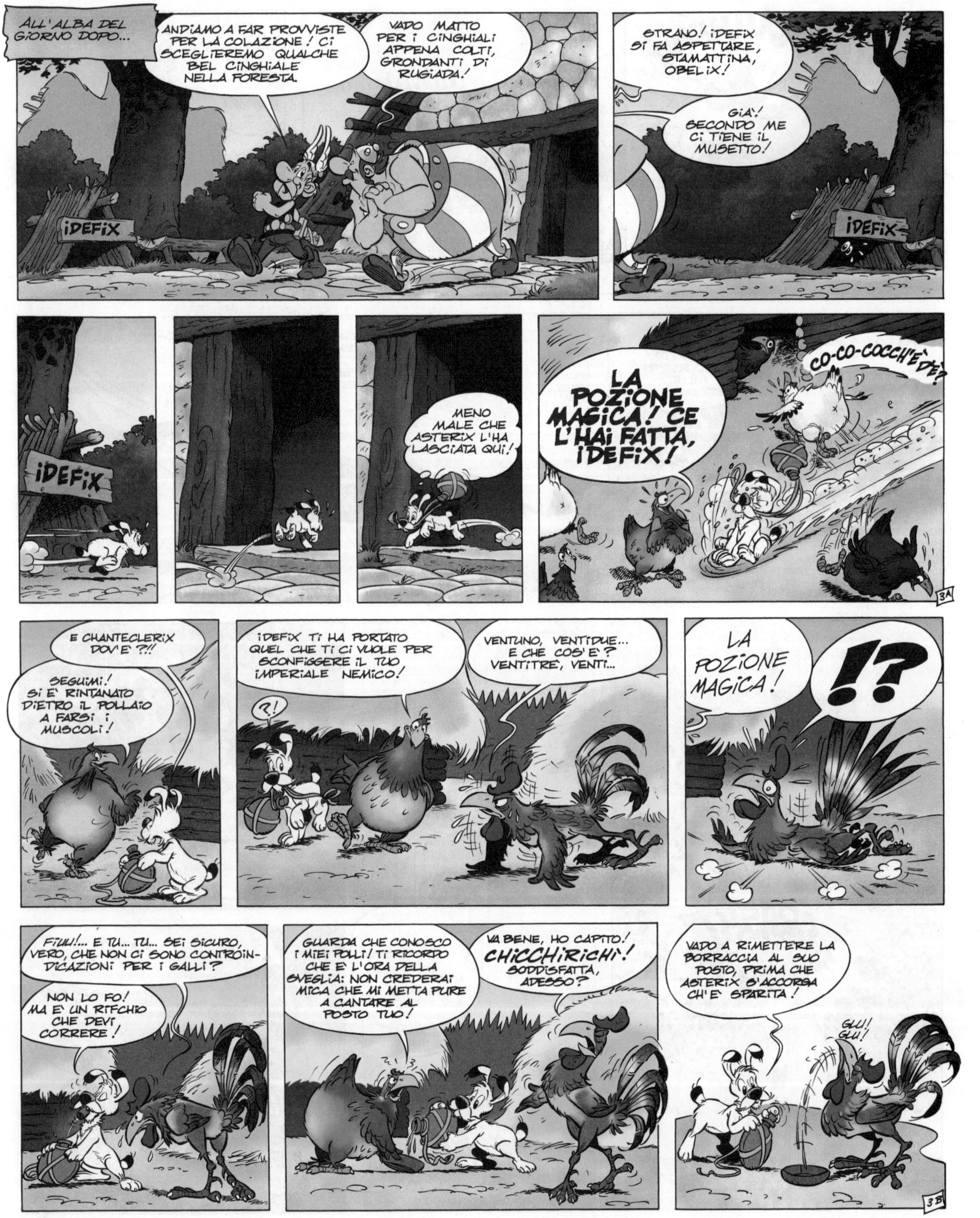

ALL'ALBA DEL GIORNO DOPO...
ANDIAMO A FAR PROVVISTE PER LA COLAZIONE! CI SCEGLIEREMO QUALCHE BEL CINGHIALE NELLA FORESTA.
VADO MATTO PER I CINGHIALI APPENA COLTI, GRONDANTI DI RUGIADA!
IDEFIX
STRANO! IDEFIX SI FA ASPETTARE, STAMATTINA, OBELIX!
GIÀ! SECONDO ME CI TIENE IL MUSETTO!
IDEFIX
IDEFIX
MENO MALE CHE ASTERIX L'HA LASCIATA QUI!
LA POZIONE MAGICA! CE L'HAI FATTA, IDEFIX!
CO-CO-COCCH'È DÈ?
E CHANTECLERIX DOV'È?!!
SEGUIMI! SI È RINTANATO DIETRO IL POLLAIO A FARSI I MUSCOLI!
IDEFIX TI HA PORTATO QUEL CHE TI CI VUOLE PER SCONFIGGERE IL TUO IMPERIALE NEMICO!
?!
VENTUNO, VENTIDUE... E CHE COS'È? VENTITRE, VENTI...
LA POZIONE MAGICA!
!?
FIUU!... E TU... TU... SEI SICURO, VERO, CHE NON CI SONO CONTROINDICAZIONI PER I GALLI?
NON LO FO! MA È UN RIFCHIO CHE DEVI CORRERE!
GUARDA CHE CONOSCO I MIEI POLLI! TI RICORDO CHE È L'ORA DELLA SVEGLIA: NON CREDERAI MICA CHE MI METTA PURE A CANTARE AL POSTO TUO!
VA BENE, HO CAPITO! CHICCHIRICHÌ! SODDISFATTA, ADESSO?
VADO A RIMETTERE LA BORRACCIA AL SUO POSTO, PRIMA CHE ASTERIX S'ACCORGA CH'È SPARITA!
GLU! GLU!

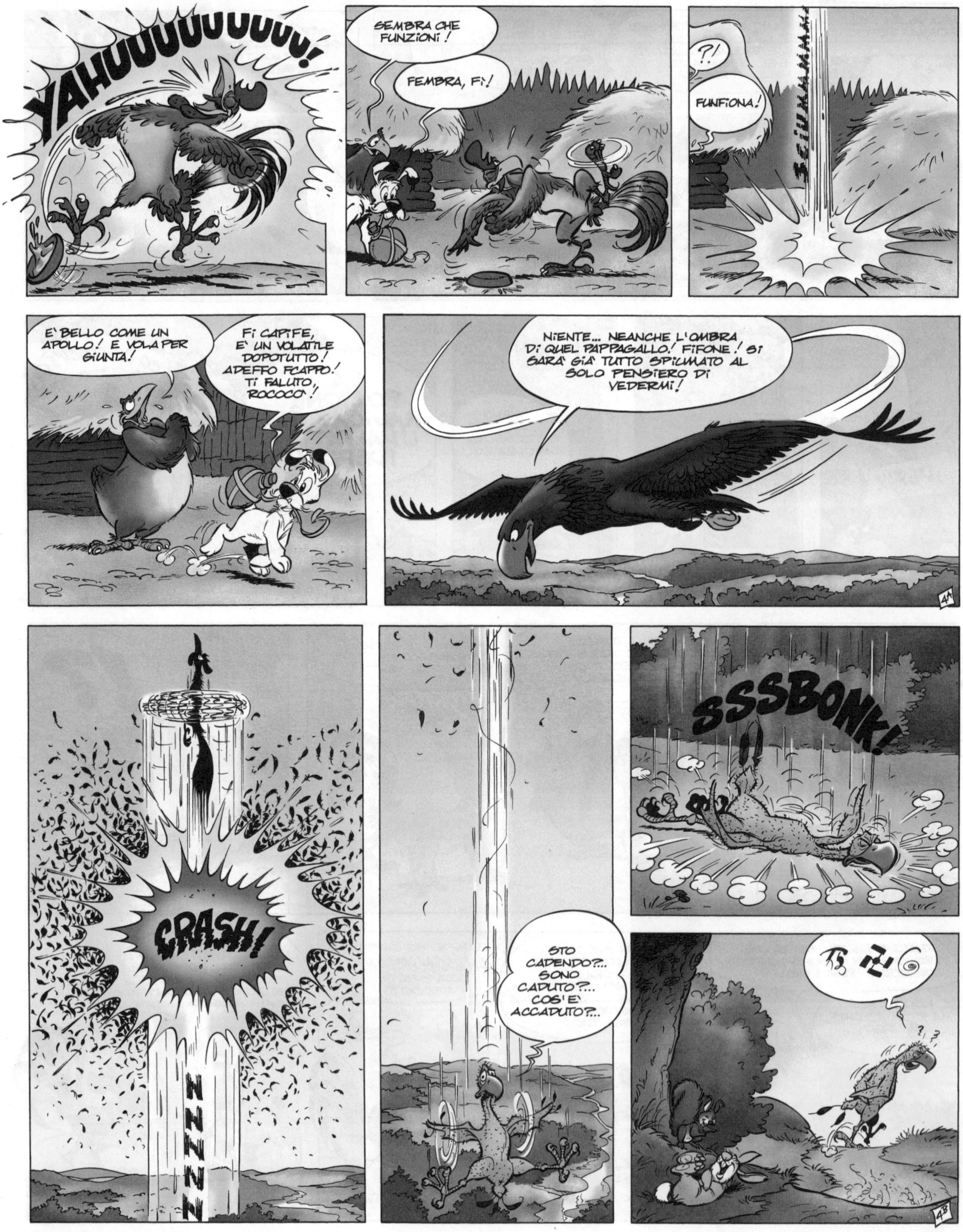

YAHUUUUUUUVV!
SEMBRA CHE FUNZIONI!
FEMBRA, FI!
?!
FUNFIONA!
E' BELLO COME UN APOLLO! E VOLA PER GIUNTA!
FI CAPIFE, E' UN VOLATILE DOPOTUTTO! ADEFFO FCAPPO! TI FALUTO, ROCOCO'!
NIENTE... NEANCHE L'OMBRA DI QUEL PAPPAGALLO! FIFONE! SI SARA' GIA' TUTTO SPIUMATO AL SOLO PENSIERO DI VEDERMI!
CRASH!
STO CADENDO?... SONO CADUTO?... COS'E' ACCADUTO?...
SSSBONK!

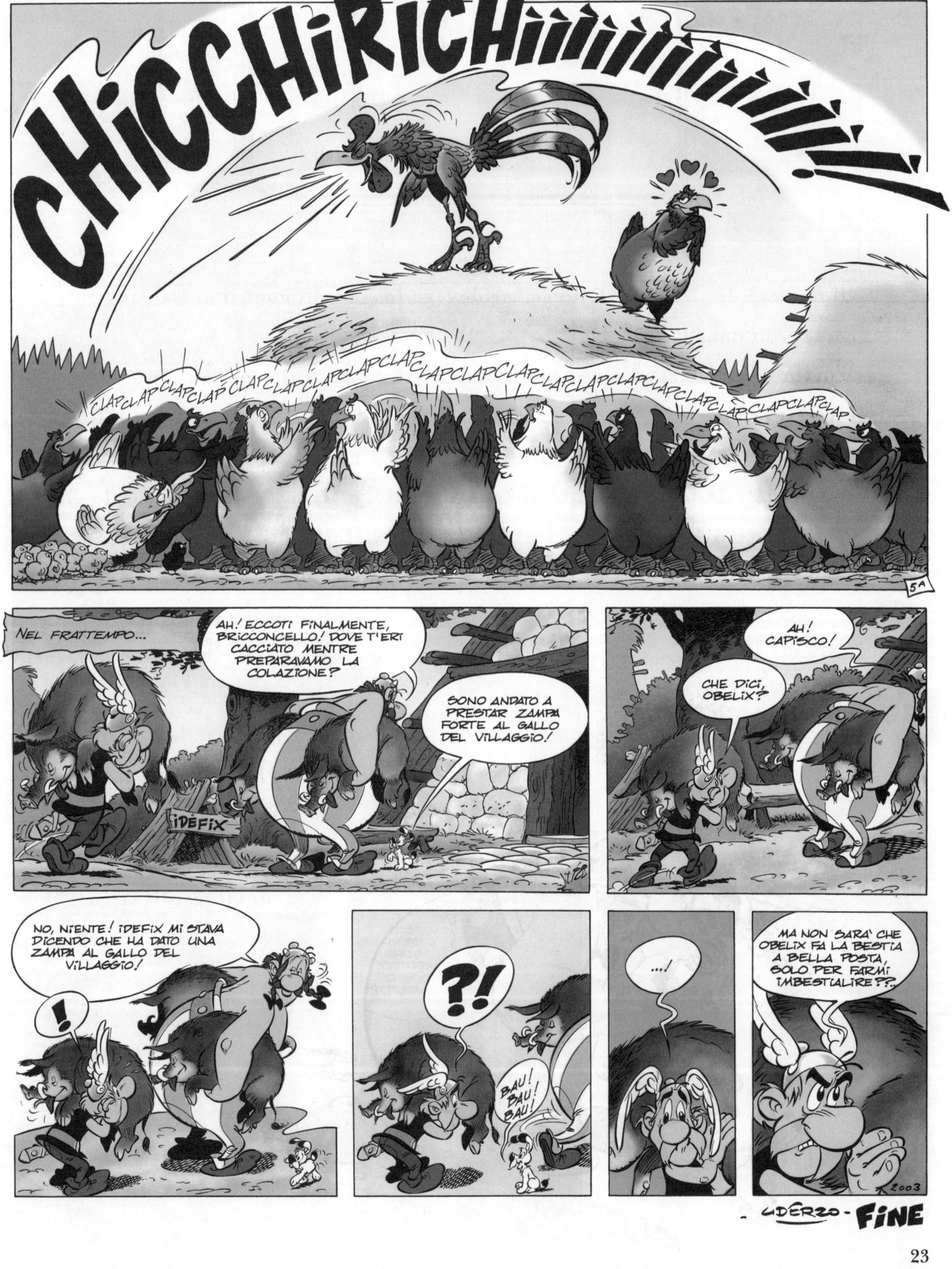

CHICCHIRICHIIIIIIIIIIIII!
CLAPCLAPCLAPCLAPCLAPCLAPCLAPCLAPCLAPCLAPCLAPCLAPCLAPCLAPCLAPCLAPCLAPCLAPCLAP
NEL FRATTEMPO...
AH! ECCOTI FINALMENTE, BRICCONCELLO! DOVE T'ERI CACCIATO MENTRE PREPARAVAMO LA COLAZIONE?
SONO ANDATO A PRESTAR ZAMPA FORTE AL GALLO DEL VILLAGGIO!
IDÉFIX
AH! CAPISCO!
CHE DICI, OBELIX?
NO, NIENTE! IDEFIX MI STAVA DICENDO CHE HA DATO UNA ZAMPA AL GALLO DEL VILLAGGIO!
!
?!
BAU! BAU! BAU!
...!
MA NON SARÀ CHE OBELIX FA LA BESTIA A BELLA POSTA, SOLO PER FARMI IMBESTIALIRE??...
2003
- UDERZO -
FINE

Vischi e fiaschi
7 dicembre 1967

Testo: René Goscinny - Disegni: Albert Uderzo

Il numero di "Pilote" di dicembre doveva fare i suoi auguri ai lettori,
come ogni anno...
Quella volta René pensò che non sarebbe stata una cattiva idea coinvolgere
i nostri eroi in prima persona. Propose così ad Albert di rifarsi a un'antica
tradizione druidica: il bacio sotto il vischio. Un ottimo pretesto per riparlare,
dopo "Asterix legionario", della passione di Obelix per Falbalà. Questa volta,
però, il nostro Obelix si lancia, diventa audace: fatto davvero inconsueto
per lui... Ma un imprevisto
gli impedirà di realizzare l'ardito
proposito. Troviamo condensati
in queste pagine tutto il pudore
e la delicatezza dell'umorismo
di René Goscinny associato
alla tenerezza e alla
leggiadria del tratto
di Albert Uderzo.

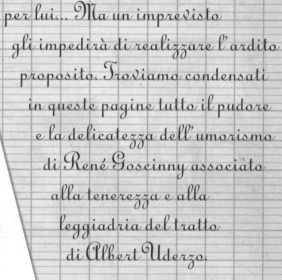

"Pilote" n. 424

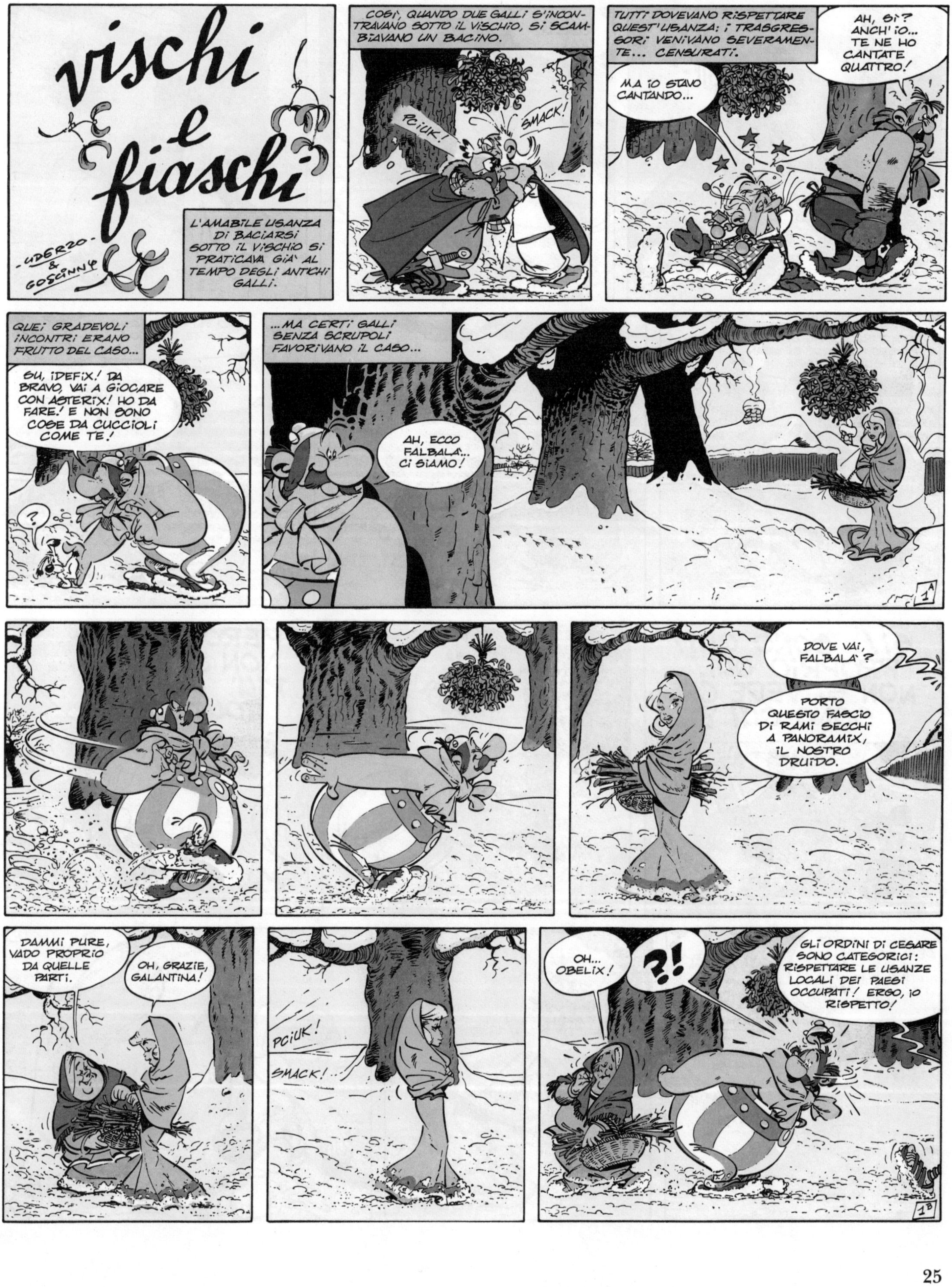
vischi e fiaschi
UDERZO & GOSCINNY
L'AMABILE USANZA DI BACIARSI SOTTO IL VISCHIO SI PRATICAVA GIÀ AL TEMPO DEGLI ANTICHI GALLI.
COSÌ, QUANDO DUE GALLI S'INCONTRAVANO SOTTO IL VISCHIO, SI SCAMBIAVANO UN BACINO.
PCIUK!
SMACK!
TUTTI DOVEVANO RISPETTARE QUEST'USANZA: I TRASGRESSORI VENIVANO SEVERAMENTE... CENSURATI.
MA IO STAVO CANTANDO...
AH, SÌ? ANCH'IO... TE NE HO CANTATE QUATTRO!
QUEI GRADEVOLI INCONTRI ERANO FRUTTO DEL CASO...
SU, IDEFIX! DA BRAVO, VAI A GIOCARE CON ASTERIX! HO DA FARE! E NON SONO COSE DA CUCCIOLI COME TE!
?
...MA CERTI GALLI SENZA SCRUPOLI FAVORIVANO IL CASO...
AH, ECCO FALBALÀ... CI SIAMO!
DOVE VAI, FALBALÀ?
PORTO QUESTO FASCIO DI RAMI SECCHI A PANORAMIX, IL NOSTRO DRUIDO.
DAMMI PURE, VADO PROPRIO DA QUELLE PARTI.
OH, GRAZIE, GALANTINA!
PCIUK!
SMACK!...
OH... OBELIX!
?!
GLI ORDINI DI CESARE SONO CATEGORICI: RISPETTARE LE USANZE LOCALI DEI PAESI OCCUPATI! ERGO, IO RISPETTO!

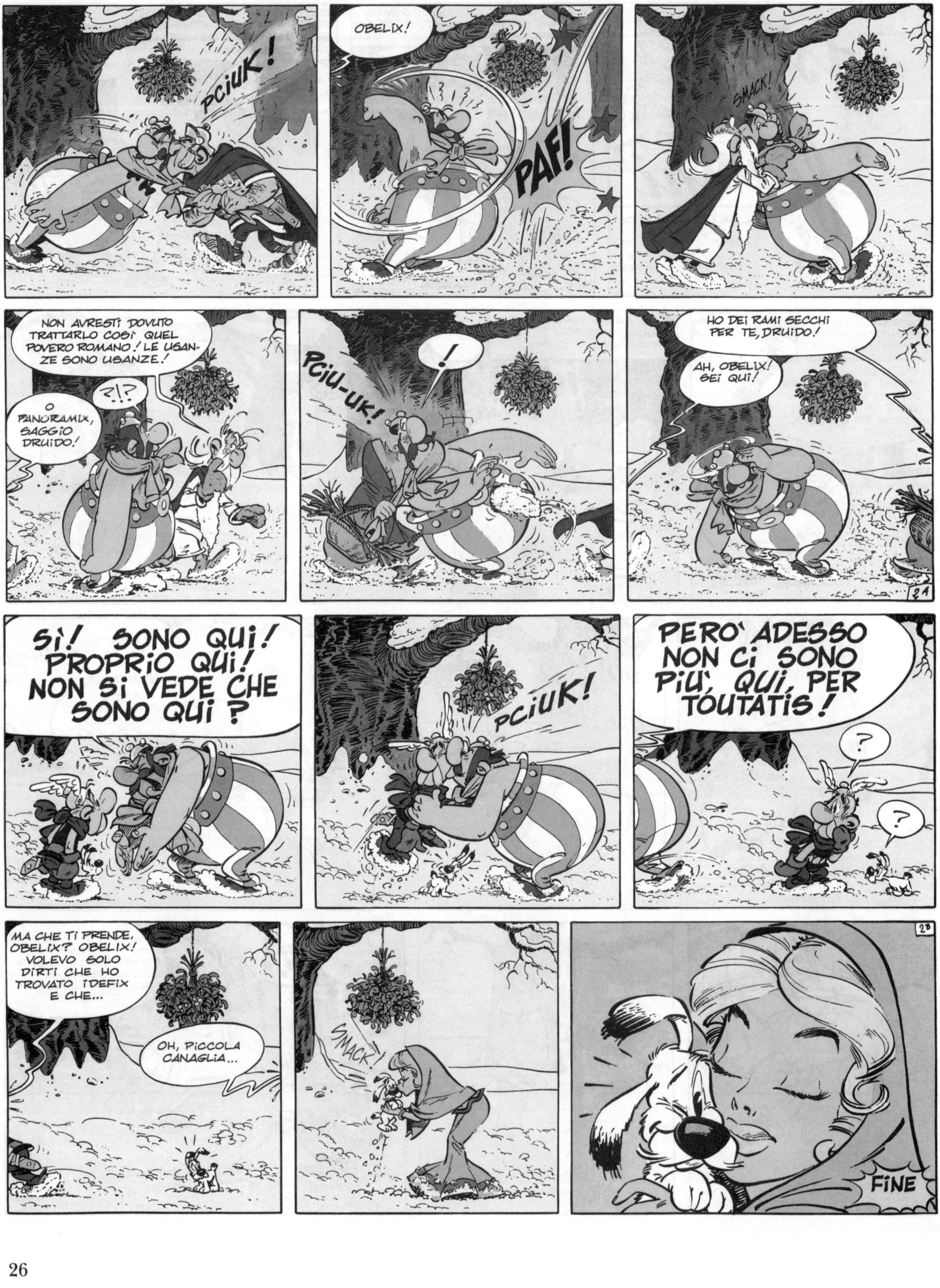
PCIUK!
OBELIX!
PAF!
SMACK!
NON AVRESTI DOVUTO TRATTARLO COSÌ QUEL POVERO ROMANO! LE USANZE SONO USANZE!
?!?
O PANORAMIX, SAGGIO DRUIDO!
PCIU-UK!
!
HO DEI RAMI SECCHI PER TE, DRUIDO!
AH, OBELIX! SEI QUI!
SÌ! SONO QUI! PROPRIO QUI! NON SI VEDE CHE SONO QUI?
PCIUK!
PERO' ADESSO NON CI SONO PIU', QUI, PER TOUTATIS!
?
?
MA CHE TI PRENDE, OBELIX? OBELIX! VOLEVO SOLO DIRTI CHE HO TROVATO IDEFIX E CHE...
OH, PICCOLA CANAGLIA...
SMACK!
FINE

Mini, Midi, Maxi
2 agosto 1971

Testo: René Goscinny - Disegni: Albert Uderzo

Spinti dal successo planetario di Asterix e dei suoi amici, i responsabili del settimanale "Elle" proposero ai nostri autori di creare un'avventura al femminile per uno dei numeri estivi della rivista.

Anche se è vero che il villaggio degli irriducibili è un universo piuttosto maschilista, è anche vero che gli autori l'hanno progressivamente popolato di figure femminili oggi diventate protagoniste a pieno titolo, come Beniamina, la consorte del capo, la moglie di Matusalemmix, che è la star di queste due gustose pagine, e poi Falbalà, Cleopatra... È quindi falsa l'accusa di misoginia rivolta agli autori di Asterix. Nelle loro storie le donne non sono affatto personaggi di contorno, e sicuramente molto meno che in altri celebri fumetti, perdiana! E se il loro umorismo si prende gioco del "gentil sesso", non si può certo dire che quello "forte" venga risparmiato. Guardate, ad esempio, il ritratto poco lusinghiero del capo, oppure di Ordinalfabetix, o ancora di Automatix... Un sincero grazie per questa uguaglianza dei diritti... alla parodia!

"Elle" n. 1337

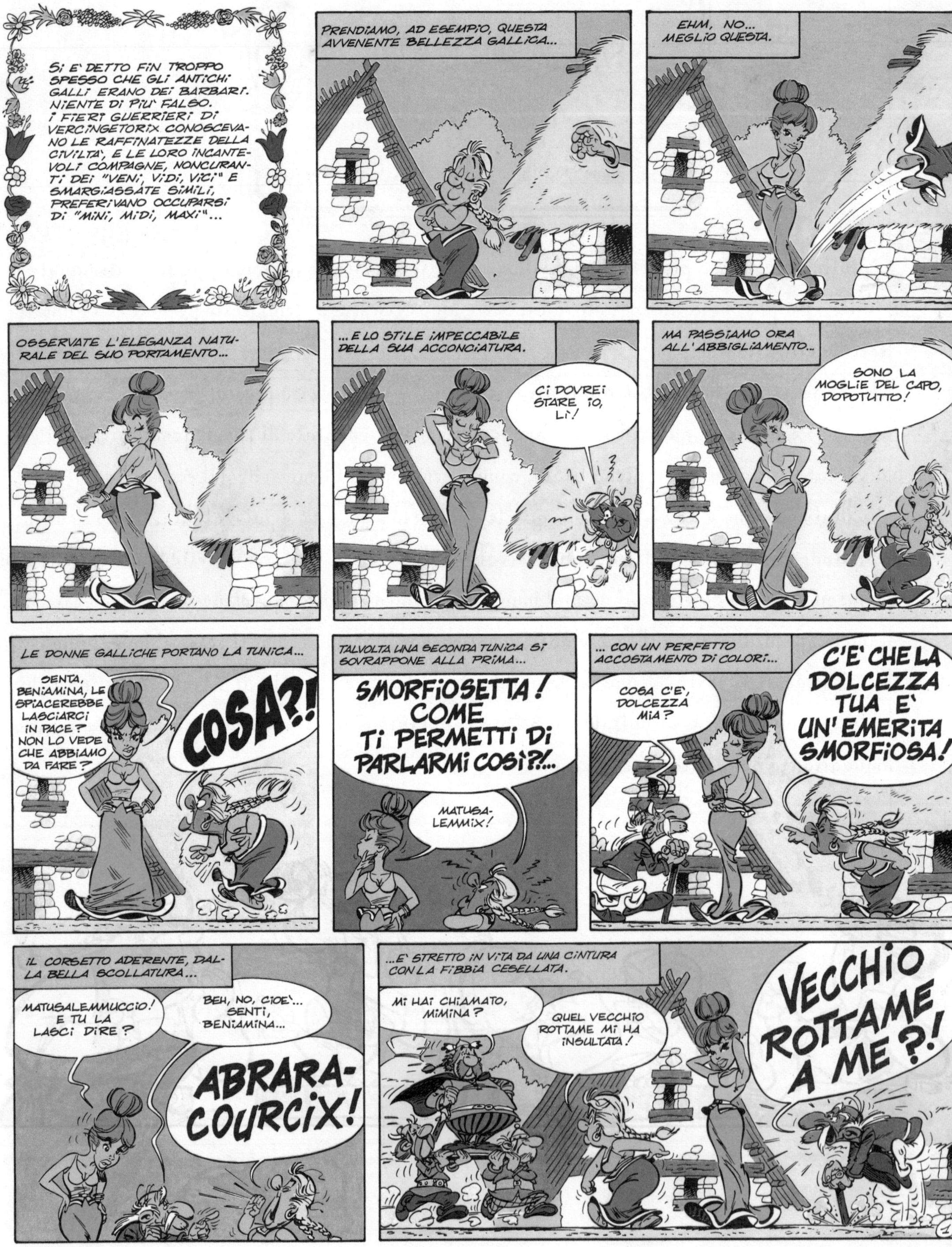
Si E' DETTO FIN TROPPO SPESSO CHE GLI ANTICHI GALLI ERANO DEI BARBARI. NIENTE DI PIU' FALSO. I FIERI GUERRIERI DI VERCINGETORIX CONOSCEVANO LE RAFFINATEZZE DELLA CIVILTA', E LE LORO INCANTEVOLI COMPAGNE, NONCURANTI DEI "VENI, VIDI, VICI" E SMARGIASSATE SIMILI, PREFERIVANO OCCUPARSI DI "MINI, MIDI, MAXI"...
PRENDIAMO, AD ESEMPIO, QUESTA AVVENENTE BELLEZZA GALLICA...
EHM, NO... MEGLIO QUESTA.
OSSERVATE L'ELEGANZA NATURALE DEL SUO PORTAMENTO...
...E LO STILE IMPECCABILE DELLA SUA ACCONCIATURA.
CI DOVREI STARE IO, LI'!
MA PASSIAMO ORA ALL'ABBIGLIAMENTO...
SONO LA MOGLIE DEL CAPO, DOPOTUTTO!
LE DONNE GALLICHE PORTANO LA TUNICA...
SENTA, BENIAMINA, LE SPIACEREBBE LASCIARCI IN PACE? NON LO VEDE CHE ABBIAMO DA FARE?
COSA?!
TALVOLTA UNA SECONDA TUNICA SI SOVRAPPONE ALLA PRIMA...
SMORFIOSETTA! COME TI PERMETTI DI PARLARMI COSI?!...
MATUSALEMMIX!
... CON UN PERFETTO ACCOSTAMENTO DI COLORI...
COSA C'E', DOLCEZZA MIA?
C'E' CHE LA DOLCEZZA TUA E' UN'EMERITA SMORFIOSA!
IL CORSETTO ADERENTE, DALLA BELLA SCOLLATURA...
MATUSALEMMUCCIO! E TU LA LASCI DIRE?
BEH, NO, CIOE'... SENTI, BENIAMINA...
ABRARACOURCIX!
...E' STRETTO IN VITA DA UNA CINTURA CON LA FIBBIA CESELLATA.
MI HAI CHIAMATO, MIMINA?
QUEL VECCHIO ROTTAME MI HA INSULTATA!
VECCHIO ROTTAME A ME?!
1

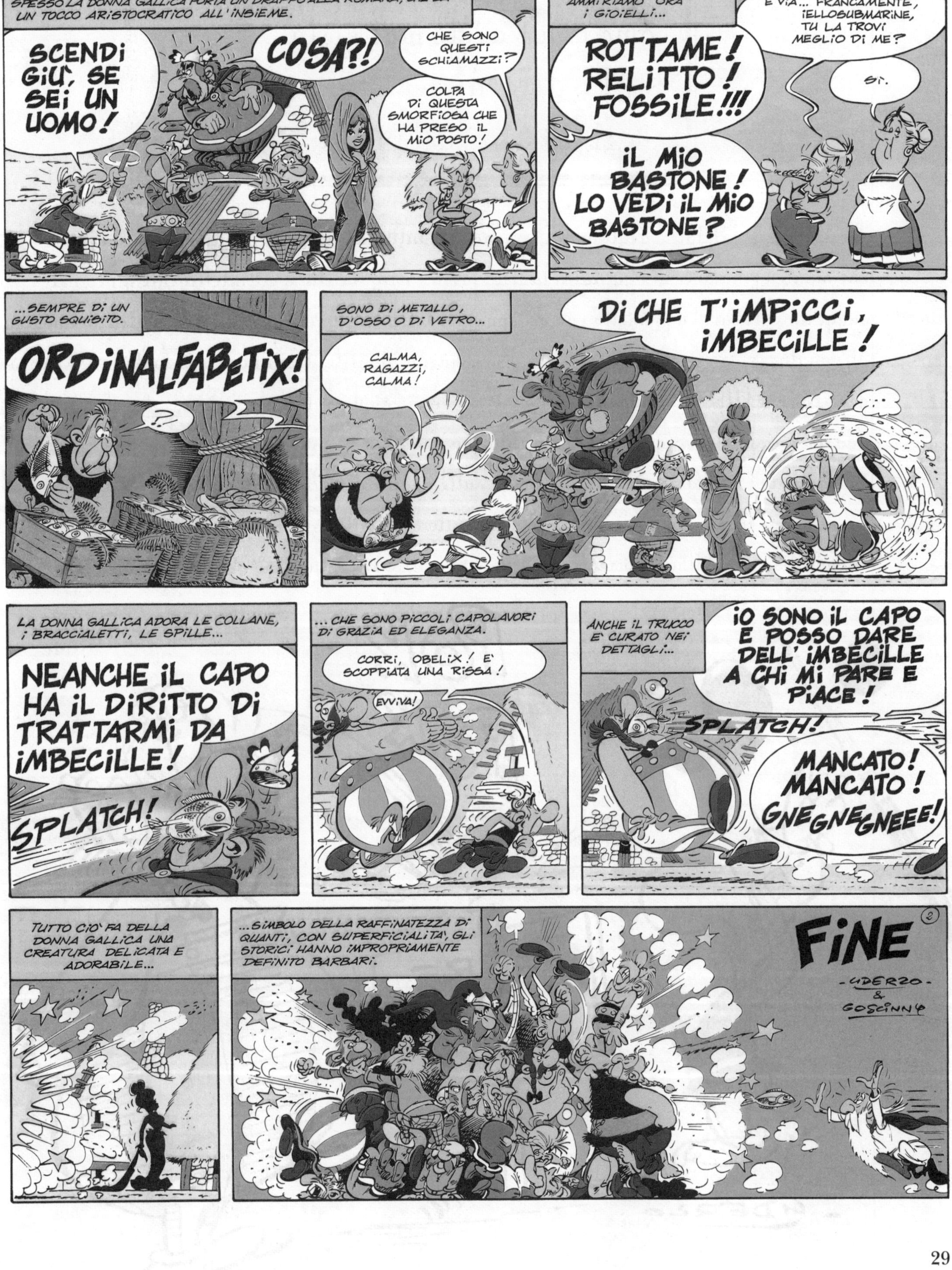
SPESSO LA DONNA GALLICA PORTA UN DRAPPO ALLA ROMANA, CHE DA' UN TOCCO ARISTOCRATICO ALL'INSIEME.
SCENDI GIÙ, SE SEI UN UOMO!
COSA?!
CHE SONO QUESTI SCHIAMAZZI?
COLPA DI QUESTA SMORFIOSA CHE HA PRESO IL MIO POSTO!
AMMIRIAMO ORA I GIOIELLI...
ROTTAME! RELITTO! FOSSILE!!!
E VIA... FRANCAMENTE, IELLOSUBMARINE, TU LA TROVI MEGLIO DI ME?
SÌ.
IL MIO BASTONE! LO VEDI IL MIO BASTONE?
...SEMPRE DI UN GUSTO SQUISITO.
ORDINALFABETIX!
?
SONO DI METALLO, D'OSSO O DI VETRO...
DI CHE T'IMPICCI, IMBECILLE!
CALMA, RAGAZZI, CALMA!
LA DONNA GALLICA ADORA LE COLLANE, I BRACCIALETTI, LE SPILLE...
NEANCHE IL CAPO HA IL DIRITTO DI TRATTARMI DA IMBECILLE!
SPLATCH!
... CHE SONO PICCOLI CAPOLAVORI DI GRAZIA ED ELEGANZA.
CORRI, OBELIX! E' SCOPPIATA UNA RISSA!
EVVIVA!
ANCHE IL TRUCCO E' CURATO NEI DETTAGLI...
IO SONO IL CAPO E POSSO DARE DELL'IMBECILLE A CHI MI PARE E PIACE!
SPLATCH!
MANCATO! MANCATO! GNEGNEGNEEE!
TUTTO CIO' FA DELLA DONNA GALLICA UNA CREATURA DELICATA E ADORABILE...
...SIMBOLO DELLA RAFFINATEZZA DI QUANTI, CON SUPERFICIALITA', GLI STORICI HANNO IMPROPRIAMENTE DEFINITO BARBARI.
FINE
-UDERZO- & GOSCINNY

Asterix
come non l'avete mai visto...
11 dicembre 1969

René Goscinny - Albert Uderzo

Lo spirito di "Pilote" degli anni Sessanta sta tutto in queste tre pagine d'antologia, che mantengono ancora oggi tutta la loro forza e originalità. Se l'intelligente gioco dei suggerimenti calza a pennello con gli spassosi testi dei fumetti, l'esercizio di stile del nostro disegnatore — o, sarebbe meglio dire, "acrobazia" di stile, vista la diversità delle espressioni grafiche che Albert ci propone — dimostra una padronanza tecnica davvero stupefacente. Come può un artista stravolgere a tal punto il proprio tratto personale per prendere amabilmente in giro i suoi colleghi? Sembra di essere sulle pagine di "Mad", la celebre rivista americana... L'autore si lascia andare e dà libero sfogo alla sua fantasia. E infatti, d'accordo con René Goscinny, Albert ha realizzato da solo queste tre pagine memorabili. Da (ri)scoprire.

"Pilote" n. 527

POK
POK
TERRE DU RIX
UDERZO

FIN DALLA SUA PRIMA APPARIZIONE, ASTERIX È STATO FONTE DI ISPIRAZIONE PER MOLTI: NUMEROSI LETTORI, DIVERSE RIVISTE SPECIALIZZATE E PERFINO ALCUNI CRITICI CI HANNO TEMPESTATO DI CONSIGLI. PER RINGRAZIARLI DEL LORO CORTESE INTERESSAMENTO, ABBIAMO PENSATO DI METTERE IN PRATICA ALCUNI DI QUESTI SUGGERIMENTI, ADATTANDO LO STILE DEI DISEGNI E DEI DIALOGHI.

1° SUGGERIMENTO:

"CIOÈ, PERCHÉ AL DRUIDO NON GLI FATE FARE UN SACCO D'INVENZIONI TECNOLOGICHE? E POI, CIOÈ, PARLANO TUTTI UN PO', CIOÈ, MICA TANTO NORMALE; E POI I DISEGNI, CIOÈ, SONO PROPRIO DA RAGAZZINI; È UNA ROBA CHE FA TROPPO TOPOLINO".

'N AMICO

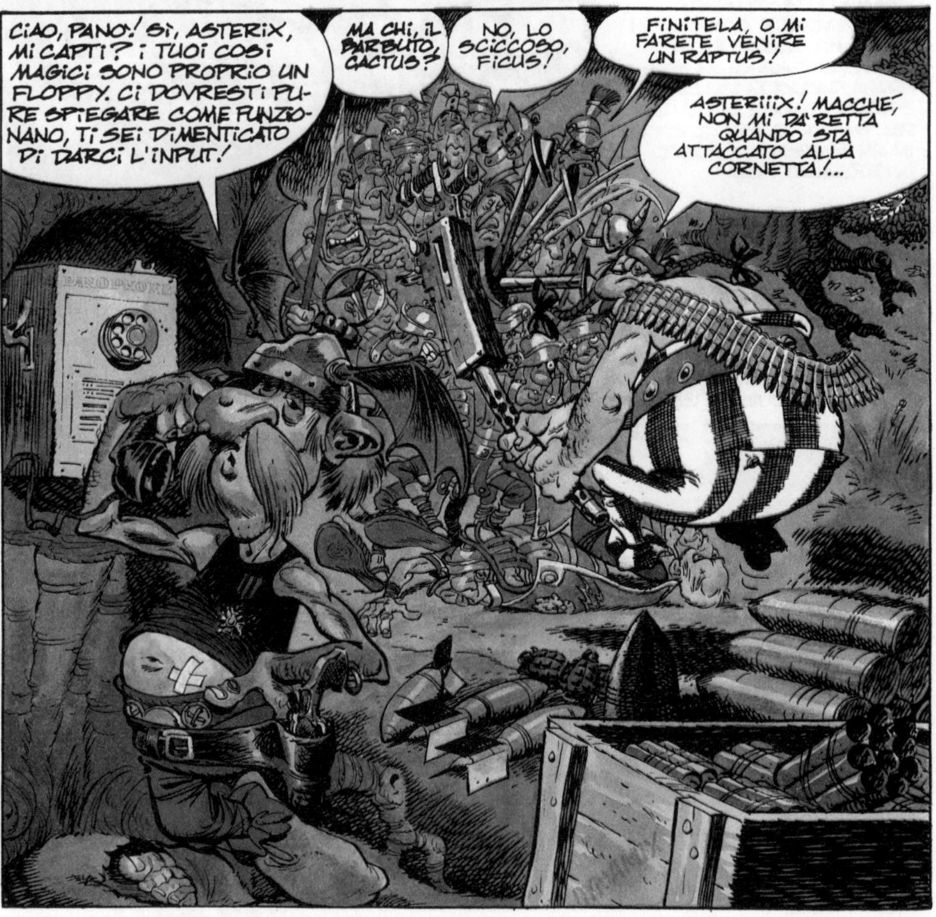

CIAO, PANO! SÌ, ASTERIX, MI CAPTI? I TUOI COSI MAGICI SONO PROPRIO UN FLOPPY. CI DOVRESTI PURE SPIEGARE COME FUNZIONANO, TI SEI DIMENTICATO DI DARCI L'INPUT!
MA CHI, IL BARBUTO CACTUS?
NO, LO SCICCOSO, FICUS!
FINITELA, O MI FARETE VENIRE UN RAPTUS!
ASTERIIIX! MACCHÉ, NON MI DÀ RETTA QUANDO STA ATTACCATO ALLA CORNETTA!...

2° SUGGERIMENTO:

"STORIE TROPPO LUNGHE" -STOP- "TROPPI DIALOGHI" -STOP- "DISEGNO TROPPO ELABORATO" -STOP- "PERCHÉ NON FARE ASTERIX IN AMERICA?" -STOP-

McSTAY HADDY,
PROF. DI STORIA
A MARSIGLIA

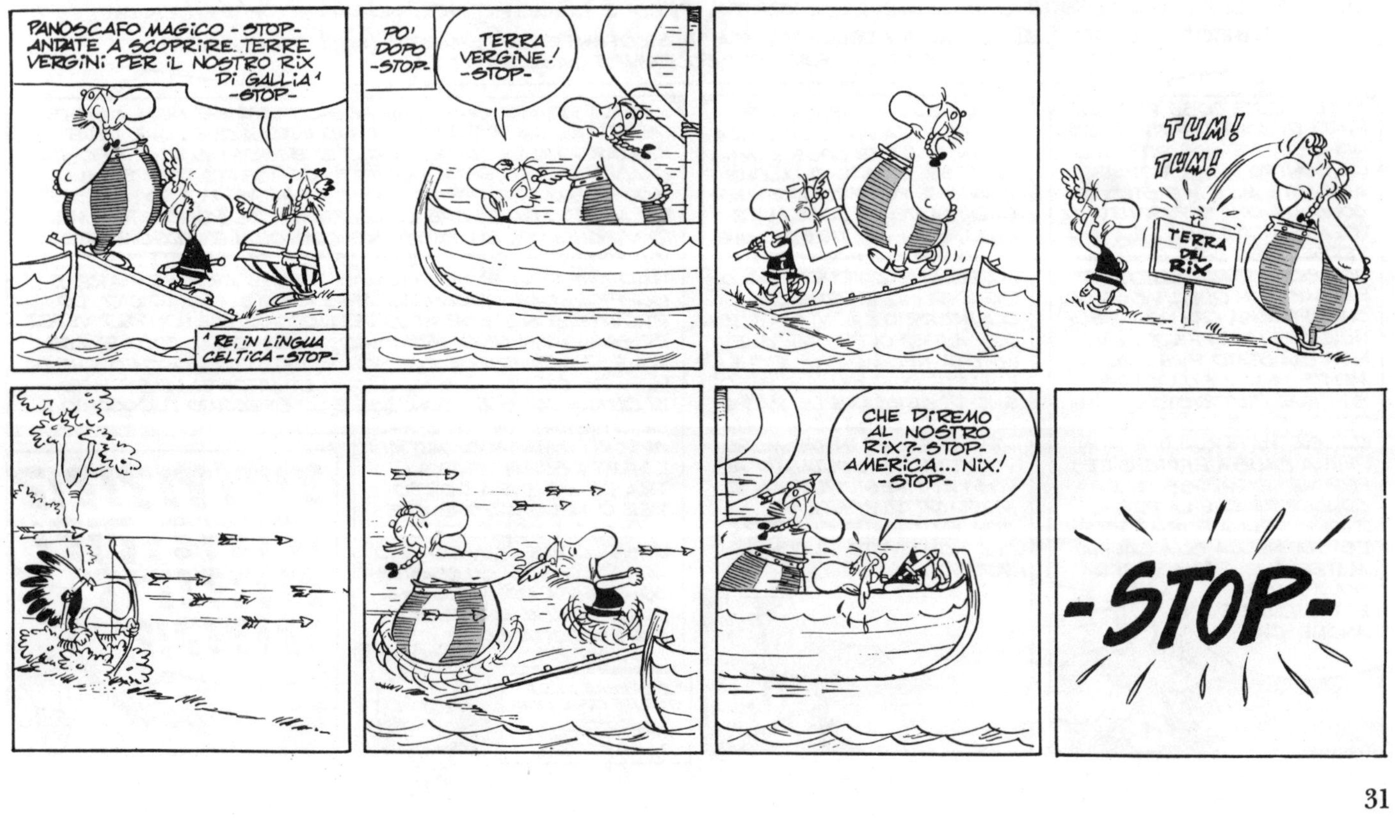

PANOSCAFO MAGICO -STOP- ANDATE A SCOPRIRE TERRE VERGINI PER IL NOSTRO RIX DI GALLIA¹ -STOP-
¹ RE, IN LINGUA CELTICA -STOP-
PO' DOPO -STOP-
TERRA VERGINE! -STOP-
TUM! TUM!
TERRA DEL RIX
CHE DIREMO AL NOSTRO RIX? -STOP- AMERICA... NIX! -STOP-
-STOP-

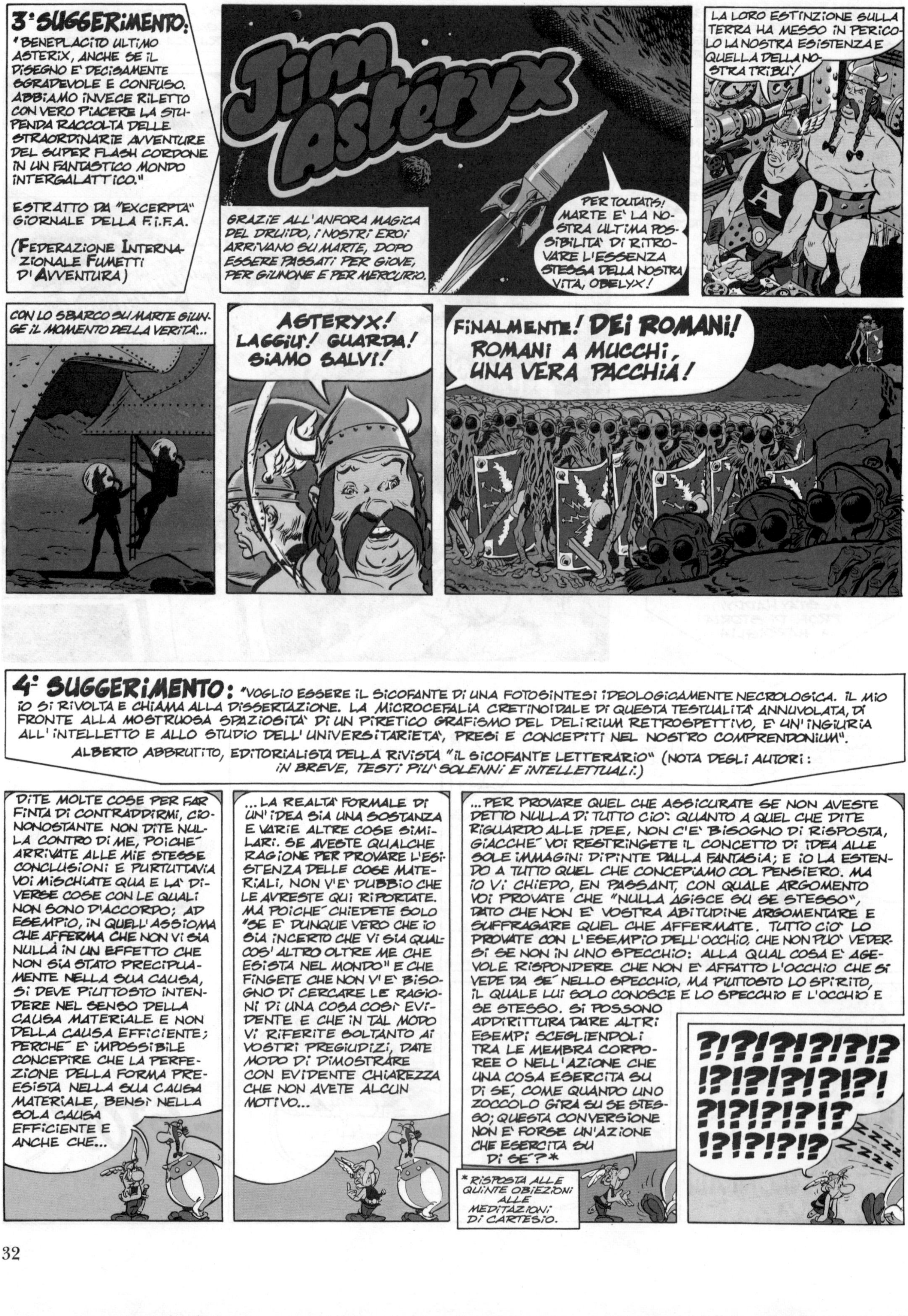
3° SUGGERIMENTO: "BENEPLACITO ULTIMO ASTERIX, ANCHE SE IL DISEGNO È DECISAMENTE SGRADEVOLE E CONFUSO. ABBIAMO INVECE RILETTO CON VERO PIACERE LA STUPENDA RACCOLTA DELLE STRAORDINARIE AVVENTURE DEL SUPER FLASH CORDONE IN UN FANTASTICO MONDO INTERGALATTICO."
ESTRATTO DA "EXCERPTA" GIORNALE DELLA F.I.F.A.
(FEDERAZIONE INTERNAZIONALE FUMETTI D'AVVENTURA)
Jim Astéryx
GRAZIE ALL'ANFORA MAGICA DEL DRUIDO, I NOSTRI EROI ARRIVANO SU MARTE, DOPO ESSERE PASSATI PER GIOVE, PER GIUNONE E PER MERCURIO.
PER TOUTATIS! MARTE È LA NOSTRA ULTIMA POSSIBILITÀ DI RITROVARE L'ESSENZA STESSA DELLA NOSTRA VITA, OBELYX!
LA LORO ESTINZIONE SULLA TERRA HA MESSO IN PERICOLO LA NOSTRA ESISTENZA E QUELLA DELLA NOSTRA TRIBÙ!
CON LO SBARCO SU MARTE GIUNGE IL MOMENTO DELLA VERITÀ...
ASTERYX! LAGGIÙ! GUARDA! SIAMO SALVI!
FINALMENTE! DEI ROMANI! ROMANI A MUCCHI, UNA VERA PACCHIA!
4° SUGGERIMENTO: "VOGLIO ESSERE IL SICOFANTE DI UNA FOTOSINTESI IDEOLOGICAMENTE NECROLOGICA. IL MIO IO SI RIVOLTA E CHIAMA ALLA DISSERTAZIONE. LA MICROCEFALIA CRETINOIDALE DI QUESTA TESTUALITÀ ANNUVOLATA, DI FRONTE ALLA MOSTRUOSA SPAZIOSITÀ DI UN PIRETICO GRAFISMO DEL DELIRIUM RETROSPETTIVO, È UN'INGIURIA ALL'INTELLETTO E ALLO STUDIO DELL'UNIVERSITARIETÀ, PRESI E CONCEPITI NEL NOSTRO COMPRENDONIUM".
ALBERTO ABBRUTITO, EDITORIALISTA DELLA RIVISTA "IL SICOFANTE LETTERARIO" (NOTA DEGLI AUTORI: IN BREVE, TESTI PIÙ SOLENNI E INTELLETTUALI.)
DITE MOLTE COSE PER FAR FINTA DI CONTRADDIRMI, CIONONOSTANTE NON DITE NULLA CONTRO DI ME, POICHÉ ARRIVATE ALLE MIE STESSE CONCLUSIONI E PURTUTTAVIA VOI MISCHIATE QUA E LÀ DIVERSE COSE CON LE QUALI NON SONO D'ACCORDO; AD ESEMPIO, IN QUELL'ASSIOMA CHE AFFERMA CHE NON VI SIA NULLA IN UN EFFETTO CHE NON SIA STATO PRECIPUAMENTE NELLA SUA CAUSA, SI DEVE PIUTTOSTO INTENDERE NEL SENSO DELLA CAUSA MATERIALE E NON DELLA CAUSA EFFICIENTE; PERCHÉ È IMPOSSIBILE CONCEPIRE CHE LA PERFEZIONE DELLA FORMA PREESISTA NELLA SUA CAUSA MATERIALE, BENSÌ NELLA SOLA CAUSA EFFICIENTE E ANCHE CHE...
...LA REALTÀ FORMALE DI UN'IDEA SIA UNA SOSTANZA E VARIE ALTRE COSE SIMILARI. SE AVESTE QUALCHE RAGIONE PER PROVARE L'ESISTENZA DELLE COSE MATERIALI, NON V'È DUBBIO CHE LE AVRESTE QUI RIPORTATE. MA POICHÉ CHIEDETE SOLO "SE È DUNQUE VERO CHE IO SIA INCERTO CHE VI SIA QUALCOS'ALTRO OLTRE ME CHE ESISTA NEL MONDO" E CHE FINGETE CHE NON V'È BISOGNO DI CERCARE LE RAGIONI DI UNA COSA COSÌ EVIDENTE E CHE IN TAL MODO VI RIFERITE SOLTANTO AI VOSTRI PREGIUDIZI, DATE MODO DI DIMOSTRARE CON EVIDENTE CHIAREZZA CHE NON AVETE ALCUN MOTIVO...
...PER PROVARE QUEL CHE ASSICURATE SE NON AVESTE DETTO NULLA DI TUTTO CIÒ: QUANTO A QUEL CHE DITE RIGUARDO ALLE IDEE, NON C'È BISOGNO DI RISPOSTA, GIACCHÉ VOI RESTRINGETE IL CONCETTO DI IDEA ALLE SOLE IMMAGINI DIPINTE DALLA FANTASIA; E IO LA ESTENDO A TUTTO QUEL CHE CONCEPIAMO COL PENSIERO. MA IO VI CHIEDO, EN PASSANT, CON QUALE ARGOMENTO VOI PROVATE CHE "NULLA AGISCE SU SE STESSO", DATO CHE NON È VOSTRA ABITUDINE ARGOMENTARE E SUFFRAGARE QUEL CHE AFFERMATE. TUTTO CIÒ LO PROVATE CON L'ESEMPIO DELL'OCCHIO, CHE NON PUÒ VEDERSI SE NON IN UNO SPECCHIO: ALLA QUAL COSA È AGEVOLE RISPONDERE CHE NON È AFFATTO L'OCCHIO CHE SI VEDE DA SÉ NELLO SPECCHIO, MA PIUTTOSTO LO SPIRITO, IL QUALE LUI SOLO CONOSCE E LO SPECCHIO E L'OCCHIO E SE STESSO. SI POSSONO ADDIRITTURA DARE ALTRI ESEMPI SCEGLIENDOLI TRA LE MEMBRA CORPOREE O NELL'AZIONE CHE UNA COSA ESERCITA SU DI SÉ, COME QUANDO UNO ZOCCOLO GIRA SU SE STESSO; QUESTA CONVERSIONE NON È FORSE UN'AZIONE CHE ESERCITA SU DI SÉ?*
* RISPOSTA ALLE QUINTE OBIEZIONI ALLE MEDITAZIONI DI CARTESIO.
?!?!?!?!?!? !?!?!?!?! ?!?!?!?!? !?!?!?!?
ZZZZ ZZZZ

5° SUGGERIMENTO: "MI PIACEREBE VEDERE UN ASTERIX UN PO' PIÙ MODERNO, PER ESEMPIO IN STILE PSICHEDELICO! E POI, PERCHÉ LE DONNE NON HANNO UN RUOLO PIÙ IMPORTANTE NELLE VOSTRE STORIE: SARETE MICA MISOGINI?
AVE, AMICI".
UNA FAN

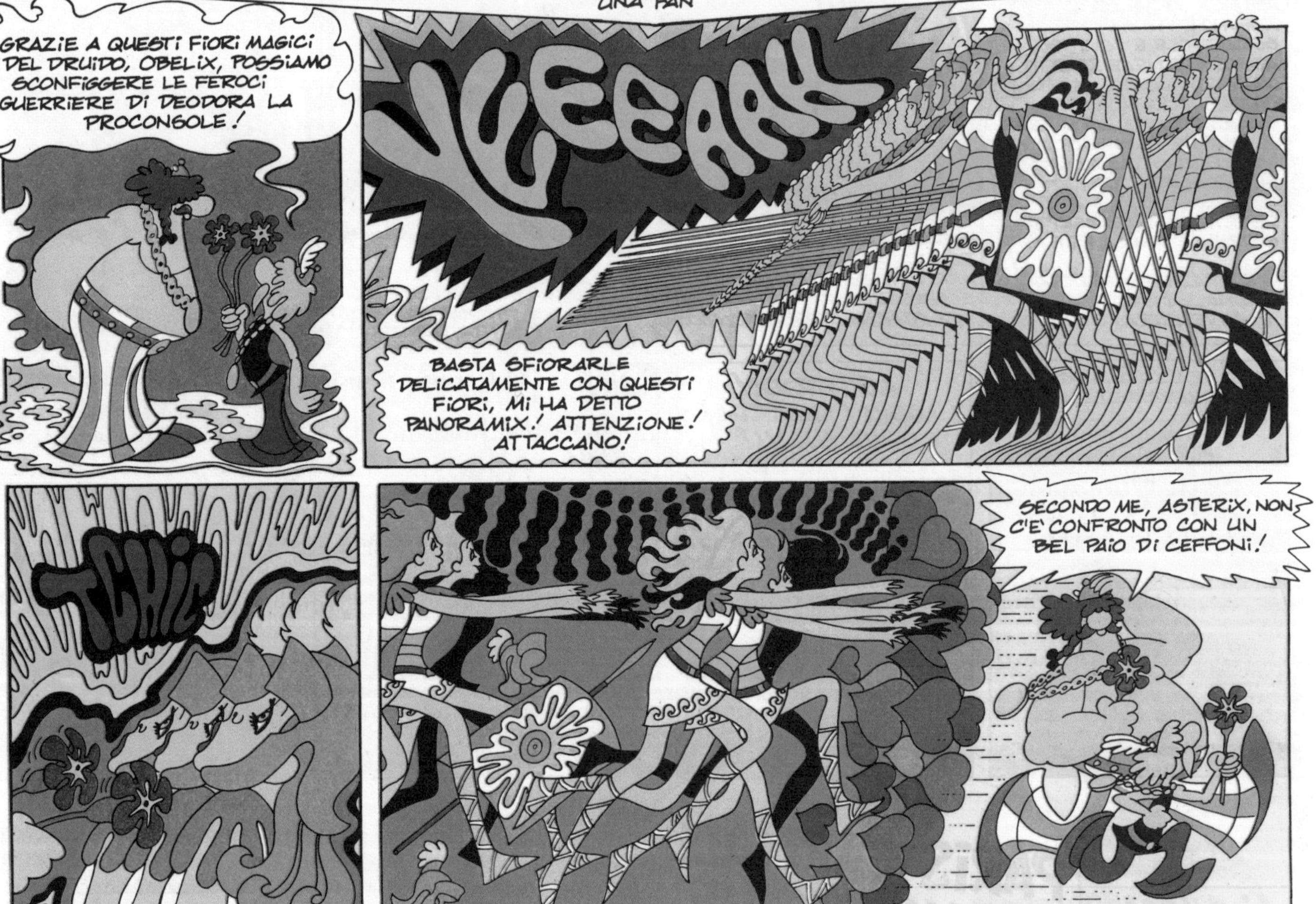
GRAZIE A QUESTI FIORI MAGICI DEL DRUIDO, OBELIX, POSSIAMO SCONFIGGERE LE FEROCI GUERRIERE DI DEODORA LA PROCONSOLE!
YEEARK
BASTA SFIORARLE DELICATAMENTE CON QUESTI FIORI, MI HA DETTO PANORAMIX! ATTENZIONE! ATTACCANO!
TCHIC
SECONDO ME, ASTERIX, NON C'È CONFRONTO CON UN BEL PAIO DI CEFFONI!

ED ECCO L'ULTIMO SUGGERIMENTO, QUELLO CHE NOI AUTORI VORREMMO SOTTOPORVI. È UN'IDEA DI PURA ESTETICA CHE CI È VENUTA COSÌ. È UN PO' AUDACE, MA... INSOMMA LI CONOSCEREMO PURE ABBASTANZA I NOSTRI PERSONAGGI, NO? ALLA FIN FINE, LI ABBIAMO CREATI NOI, NO?! ABBIAMO PURE IL DIRITTO DI AVERE LE NOSTRE IDEE, NO? VOGLIAMO SCHERZARE?! ROBA DA MATTI! QUI SI ATTENTA ALLA NOSTRA LIBERTÀ DI ESPRESSIONE! E SE LE COSE STANNO COSÌ, D'ORA IN POI ASTERIX E OBELIX PORTERANNO I PANTALONI ALLA ZUAVA!...

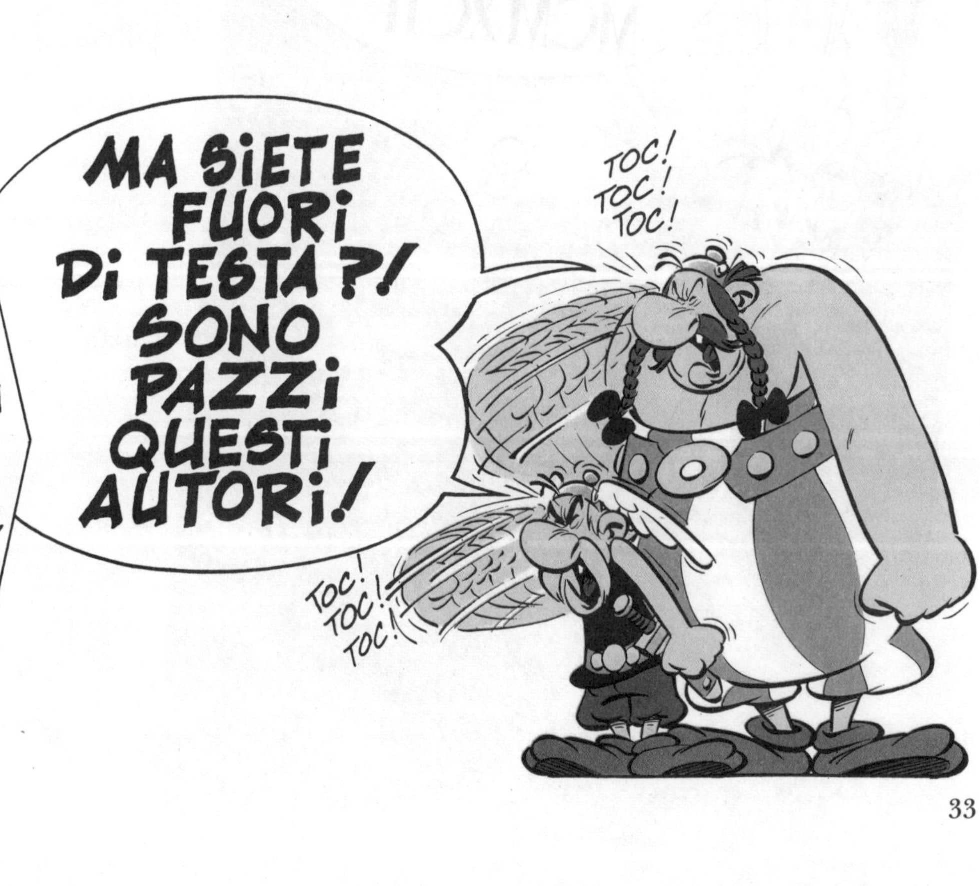
MA SIETE FUORI DI TESTA?! SONO PAZZI QUESTI AUTORI!
TOC! TOC! TOC!
TOC! TOC! TOC!

Lutezia città olimpica
25 ottobre 1986

Testi e disegni: Albert Uderzo

A metà degli anni Ottanta, Jacques Chirac, all'epoca sindaco di Parigi (cioè di Lutezia, s'intende!), chiede aiuto ad Asterix per promuovere il suo progetto di candidatura della città come sede olimpica. La capitale della Francia era infatti una delle città in lizza per ospitare le Olimpiadi del 1992 d.C.
Albert Uderzo fu incaricato di realizzare un manifesto e una breve storia in quattro pagine, destinate a mobilitare i Lutetiani della tribù dei Parisii. Con calma olimpica, Albert realizzò allora il manifesto che avrebbe inondato Parigi nel 1986, mentre la storia venne pubblicata nell'ormai estinto "Jours de France", famoso settimanale di cronaca rosa del secolo scorso. Anche se alla fine la candidatura di Parigi venne scartata, non tutti rimasero a mani vuote: sia detto per inciso, l'originale del manifesto non fu mai restituito al suo autore! Poco male... A noi rimangono comunque un'indimenticabile Torre Eiffel, trasformata in un'immensa e magnifica piccionaia, e un losco figuro da aggiungere alla lunga galleria dei cattivi asterixiani.

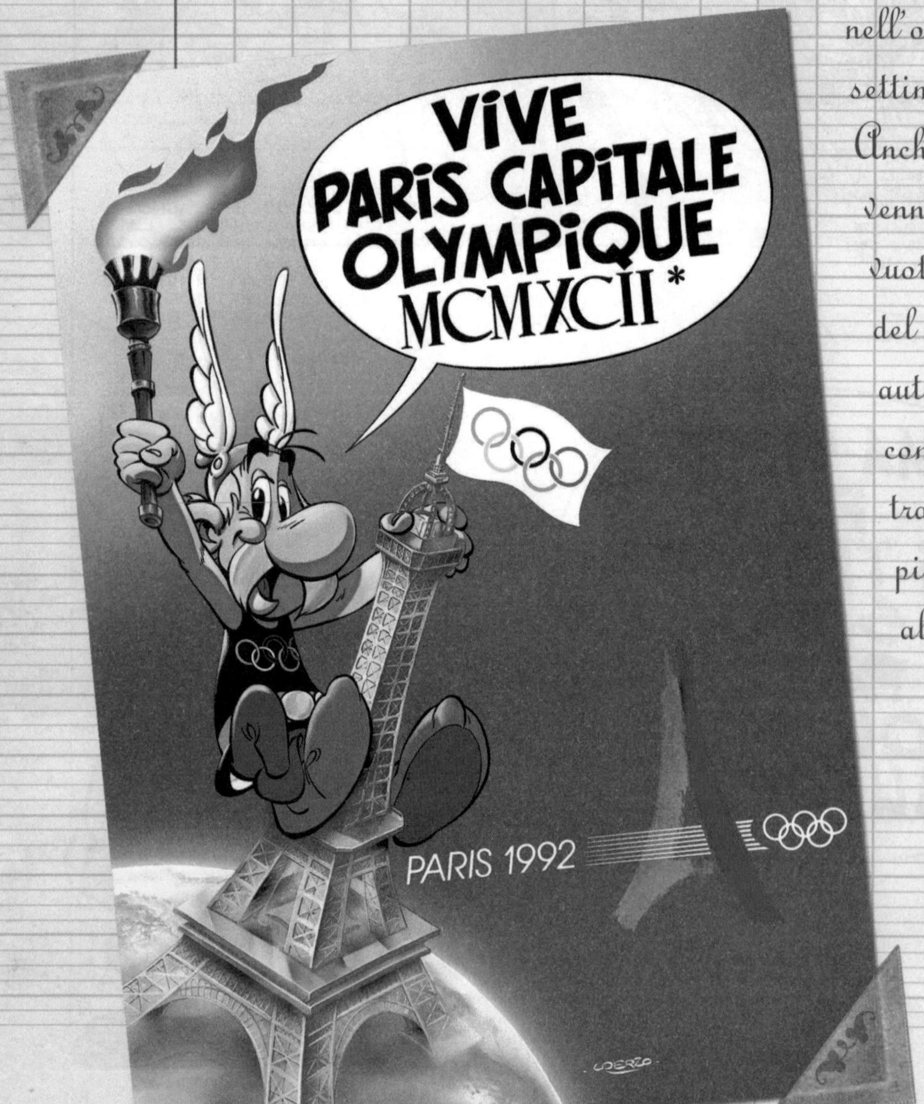
VIVE PARIS CAPITALE OLYMPIQUE MCMXCII*
PARIS 1992
UDERZO

"Jours de France" n. 1660

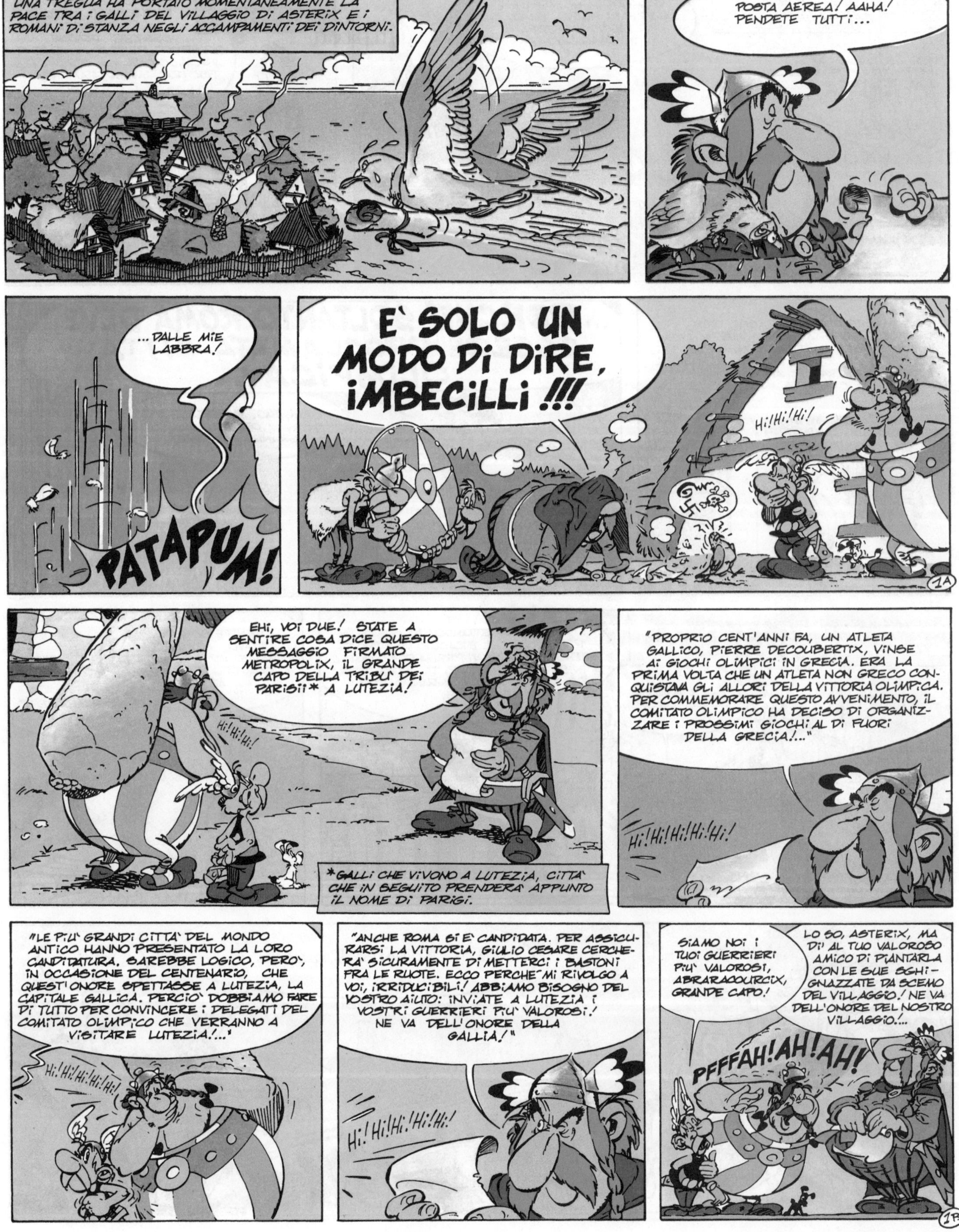
UNA TREGUA HA PORTATO MOMENTANEAMENTE LA PACE TRA I GALLI DEL VILLAGGIO DI ASTERIX E I ROMANI DI STANZA NEGLI ACCAMPAMENTI DEI DINTORNI.
POSTA AEREA! AAHA! PENDETE TUTTI...
...DALLE MIE LABBRA!
PATAPUM!
È SOLO UN MODO DI DIRE, IMBECILLI!!!
HI! HI! HI!
EHI, VOI DUE! STATE A SENTIRE COSA DICE QUESTO MESSAGGIO FIRMATO METROPOLIX, IL GRANDE CAPO DELLA TRIBÙ DEI PARISII* A LUTEZIA!
HI! HI! HI!
*GALLI CHE VIVONO A LUTEZIA, CITTÀ CHE IN SEGUITO PRENDERÀ APPUNTO IL NOME DI PARIGI.
"PROPRIO CENT'ANNI FA, UN ATLETA GALLICO, PIERRE DECOUBERTIX, VINSE AI GIOCHI OLIMPICI IN GRECIA. ERA LA PRIMA VOLTA CHE UN ATLETA NON GRECO CONQUISTAVA GLI ALLORI DELLA VITTORIA OLIMPICA. PER COMMEMORARE QUESTO AVVENIMENTO, IL COMITATO OLIMPICO HA DECISO DI ORGANIZZARE I PROSSIMI GIOCHI AL DI FUORI DELLA GRECIA!..."
HI! HI! HI! HI! HI!
"LE PIÙ GRANDI CITTÀ DEL MONDO ANTICO HANNO PRESENTATO LA LORO CANDIDATURA. SAREBBE LOGICO, PERÒ, IN OCCASIONE DEL CENTENARIO, CHE QUEST'ONORE SPETTASSE A LUTEZIA, LA CAPITALE GALLICA. PERCIÒ DOBBIAMO FARE DI TUTTO PER CONVINCERE I DELEGATI DEL COMITATO OLIMPICO CHE VERRANNO A VISITARE LUTEZIA!..."
HI! HI! HI! HI! HI!
"ANCHE ROMA SI È CANDIDATA. PER ASSICURARSI LA VITTORIA, GIULIO CESARE CERCHERÀ SICURAMENTE DI METTERCI I BASTONI FRA LE RUOTE. ECCO PERCHÉ MI RIVOLGO A VOI, IRRIDUCIBILI! ABBIAMO BISOGNO DEL VOSTRO AIUTO: INVIATE A LUTEZIA I VOSTRI GUERRIERI PIÙ VALOROSI! NE VA DELL'ONORE DELLA GALLIA!"
HI! HI! HI! HI! HI!
SIAMO NOI I TUOI GUERRIERI PIÙ VALOROSI, ABRARACOURCIX, GRANDE CAPO!
LO SO, ASTERIX, MA DI' AL TUO VALOROSO AMICO DI PIANTARLA CON LE SUE SGHIGNAZZATE DA SCEMO DEL VILLAGGIO! NE VA DELL'ONORE DEL NOSTRO VILLAGGIO!...
PFFFAH! AH! AH!

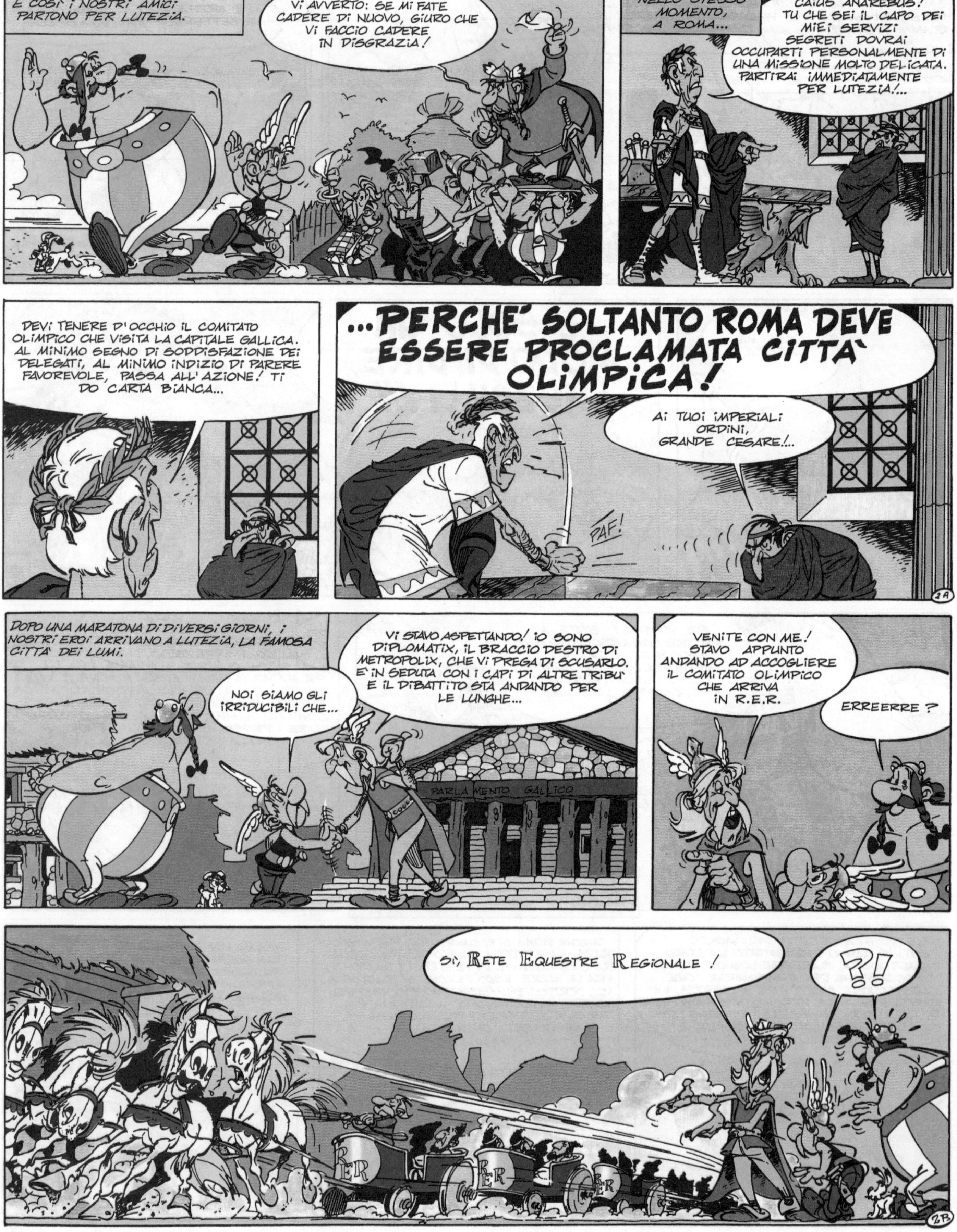
E COSÌ I NOSTRI AMICI PARTONO PER LUTEZIA.
VI AVVERTO: SE MI FATE CADERE DI NUOVO, GIURO CHE VI FACCIO CADERE IN DISGRAZIA!
NELLO STESSO MOMENTO, A ROMA...
CAIUS ANAREBUS! TU CHE SEI IL CAPO DEI MIEI SERVIZI SEGRETI DOVRAI OCCUPARTI PERSONALMENTE DI UNA MISSIONE MOLTO DELICATA. PARTIRAI IMMEDIATAMENTE PER LUTEZIA!...
DEVI TENERE D'OCCHIO IL COMITATO OLIMPICO CHE VISITA LA CAPITALE GALLICA. AL MINIMO SEGNO DI SODDISFAZIONE DEI DELEGATI, AL MINIMO INDIZIO DI PARERE FAVOREVOLE, PASSA ALL'AZIONE! TI DO CARTA BIANCA...
...PERCHE' SOLTANTO ROMA DEVE ESSERE PROCLAMATA CITTÀ OLIMPICA!
AI TUOI IMPERIALI ORDINI, GRANDE CESARE!...
PAF!
2A
DOPO UNA MARATONA DI DIVERSI GIORNI, I NOSTRI EROI ARRIVANO A LUTEZIA, LA FAMOSA CITTÀ DEI LUMI.
NOI SIAMO GLI IRRIDUCIBILI CHE...
VI STAVO ASPETTANDO! IO SONO DIPLOMATIX, IL BRACCIO DESTRO DI METROPOLIX, CHE VI PREGA DI SCUSARLO. E' IN SEDUTA CON I CAPI DI ALTRE TRIBÙ E IL DIBATTITO STA ANDANDO PER LE LUNGHE...
PARLAMENTO GALLICO
VENITE CON ME! STAVO APPUNTO ANDANDO AD ACCOGLIERE IL COMITATO OLIMPICO CHE ARRIVA IN R.E.R.
ERREEERRE?
SÌ, RETE EQUESTRE REGIONALE!
?!
2B

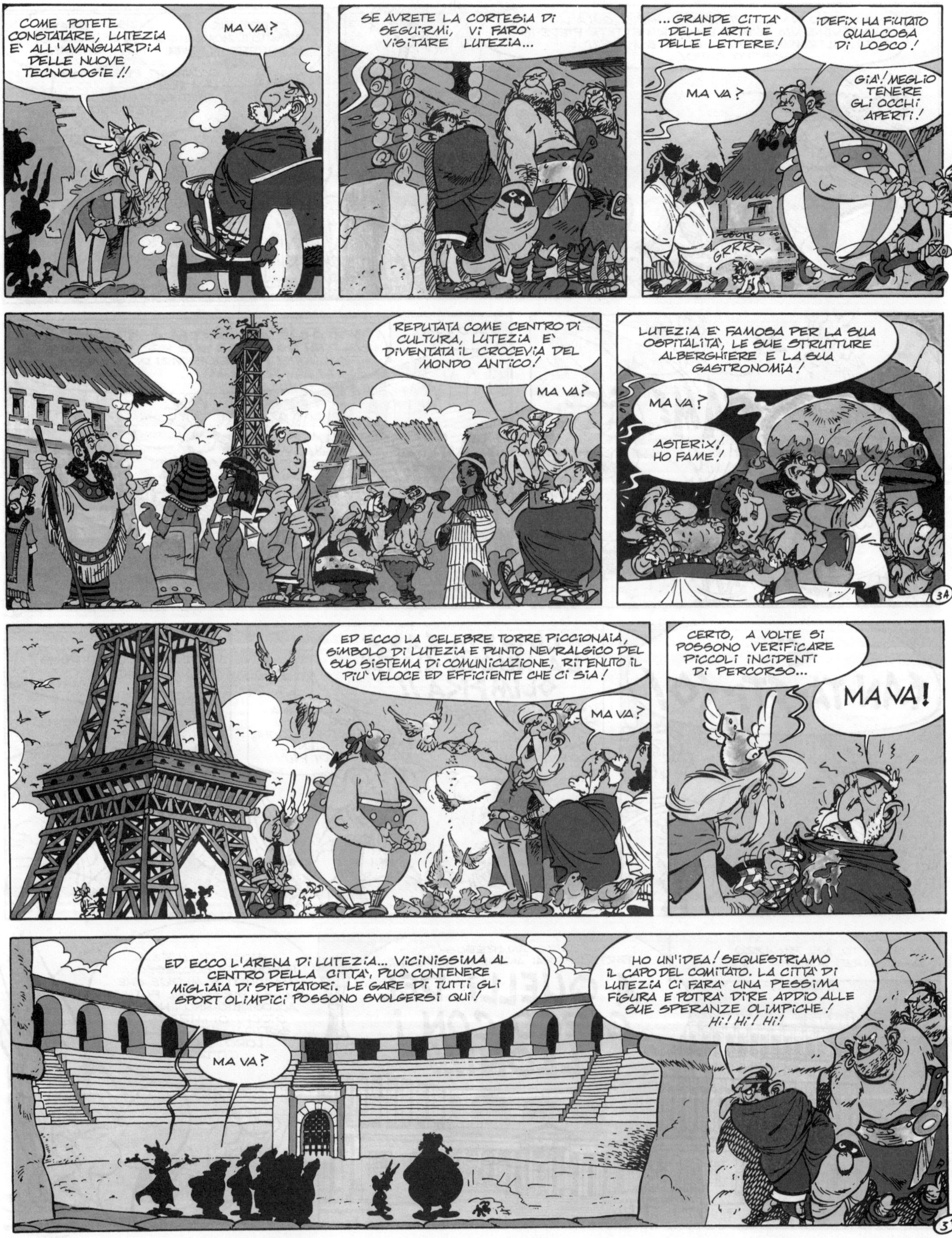
COME POTETE CONSTATARE, LUTEZIA E' ALL'AVANGUARDIA DELLE NUOVE TECNOLOGIE!!
MA VA?
SE AVRETE LA CORTESIA DI SEGUIRMI, VI FARO' VISITARE LUTEZIA...
...GRANDE CITTA' DELLE ARTI E DELLE LETTERE!
MA VA?
¡DEFIX HA FIUTATO QUALCOSA DI LOSCO!
GIA'! MEGLIO TENERE GLI OCCHI APERTI!
GRRRR!
REPUTATA COME CENTRO DI CULTURA, LUTEZIA E' DIVENTATA IL CROCEVIA DEL MONDO ANTICO!
MA VA?
LUTEZIA E' FAMOSA PER LA SUA OSPITALITA', LE SUE STRUTTURE ALBERGHIERE E LA SUA GASTRONOMIA!
MA VA?
ASTERIX! HO FAME!
ED ECCO LA CELEBRE TORRE PICCIONAIA, SIMBOLO DI LUTEZIA E PUNTO NEVRALGICO DEL SUO SISTEMA DI COMUNICAZIONE, RITENUTO IL PIU' VELOCE ED EFFICIENTE CHE CI SIA!
MA VA?
CERTO, A VOLTE SI POSSONO VERIFICARE PICCOLI INCIDENTI DI PERCORSO...
MA VA!
ED ECCO L'ARENA DI LUTEZIA... VICINISSIMA AL CENTRO DELLA CITTA', PUO' CONTENERE MIGLIAIA DI SPETTATORI. LE GARE DI TUTTI GLI SPORT OLIMPICI POSSONO SVOLGERSI QUI!
MA VA?
HO UN'IDEA! SEQUESTRIAMO IL CAPO DEL COMITATO. LA CITTA' DI LUTEZIA CI FARA' UNA PESSIMA FIGURA E POTRA' DIRE ADDIO ALLE SUE SPERANZE OLIMPICHE! HI! HI! HI!

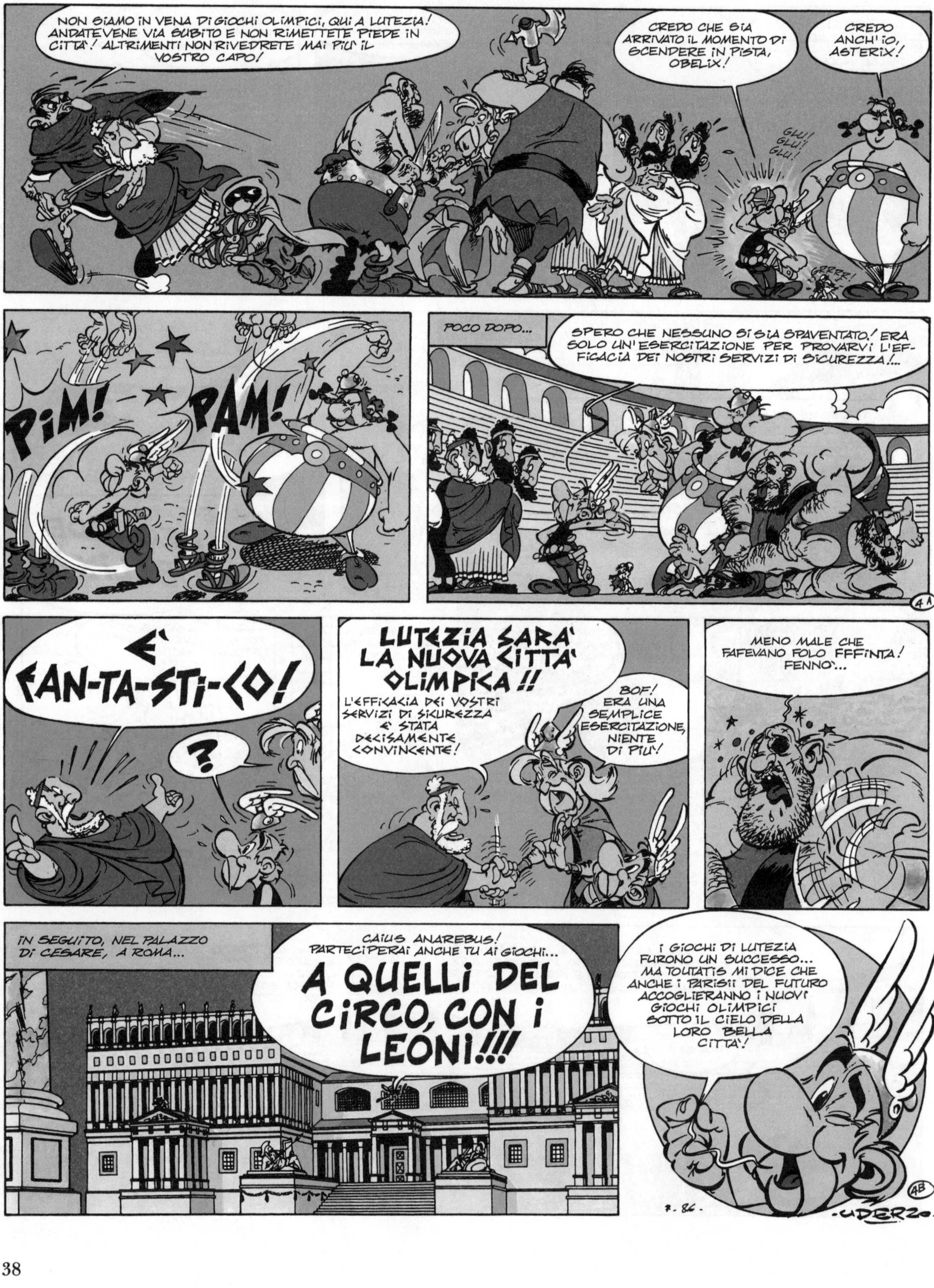
NON SIAMO IN VENA DI GIOCHI OLIMPICI, QUI A LUTEZIA! ANDATEVENE VIA SUBITO E NON RIMETTETE PIEDE IN CITTA'! ALTRIMENTI NON RIVEDRETE MAI PIU' IL VOSTRO CAPO!
GLU! GLU! GLU!
CREDO CHE SIA ARRIVATO IL MOMENTO DI SCENDERE IN PISTA, OBELIX!
CREDO ANCH'IO, ASTERIX!
GRRRR!
PIM! PAM!
POCO DOPO...
SPERO CHE NESSUNO SI SIA SPAVENTATO! ERA SOLO UN'ESERCITAZIONE PER PROVARVI L'EFFICACIA DEI NOSTRI SERVIZI DI SICUREZZA!...
E' FAN-TA-STI-CO!
?
LUTEZIA SARA' LA NUOVA CITTA' OLIMPICA!!
L'EFFICACIA DEI VOSTRI SERVIZI DI SICUREZZA E' STATA DECISAMENTE CONVINCENTE!
BOF! ERA UNA SEMPLICE ESERCITAZIONE, NIENTE DI PIU'!
MENO MALE CHE FAFEVANO FOLO FFFINTA! FENNO'...
IN SEGUITO, NEL PALAZZO DI CESARE, A ROMA...
CAIUS ANAREBUS! PARTECIPERAI ANCHE TU AI GIOCHI...
A QUELLI DEL CIRCO, CON I LEONI!!!
I GIOCHI DI LUTEZIA FURONO UN SUCCESSO... MA TOUTATIS MI DICE CHE ANCHE I PARISII DEL FUTURO ACCOGLIERANNO I NUOVI GIOCHI OLIMPICI SOTTO IL CIELO DELLA LORO BELLA CITTA'!
7-86-
UDERZO

La primavera gallica
17 marzo 1966

René Goscinny - Albert Uderzo

A marzo inoltrato, René Goscinny pensa a una storia sul tema della primavera. Stracarico di impegni, chiede ad Albert di suggerirgli un'idea. Per la seconda volta, Albert scrive una piccola sceneggiatura a modo suo e la sottopone al suo complice prima di realizzare i disegni. René rimase affascinato dalla personificazione delle stagioni e dalla loro

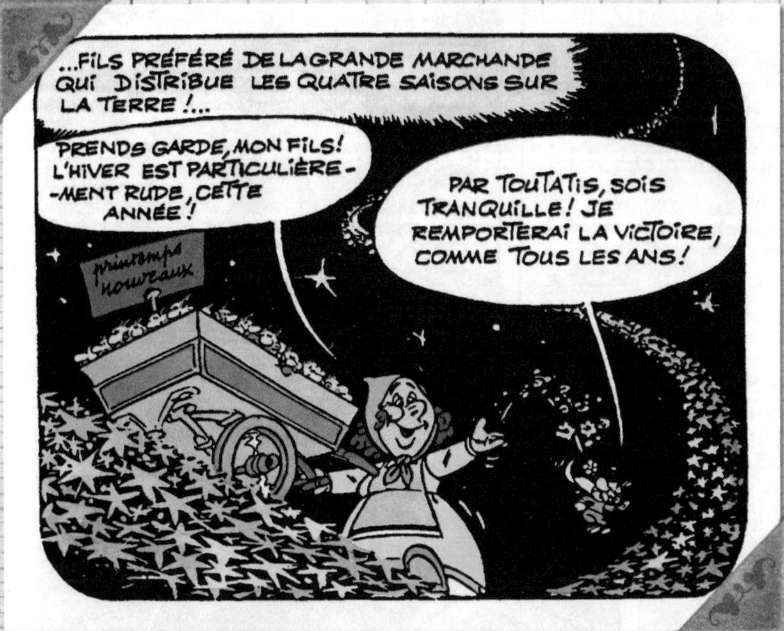
...FILS PRÉFÉRÉ DE LA GRANDE MARCHANDE QUI DISTRIBUE LES QUATRE SAISONS SUR LA TERRE !...
PRENDS GARDE, MON FILS! L'HIVER EST PARTICULIÈRE--MENT RUDE, CETTE ANNÉE!
PAR TOUTATIS, SOIS TRANQUILLE! JE REMPORTERAI LA VICTOIRE, COMME TOUS LES ANS!
printemps nouveaux

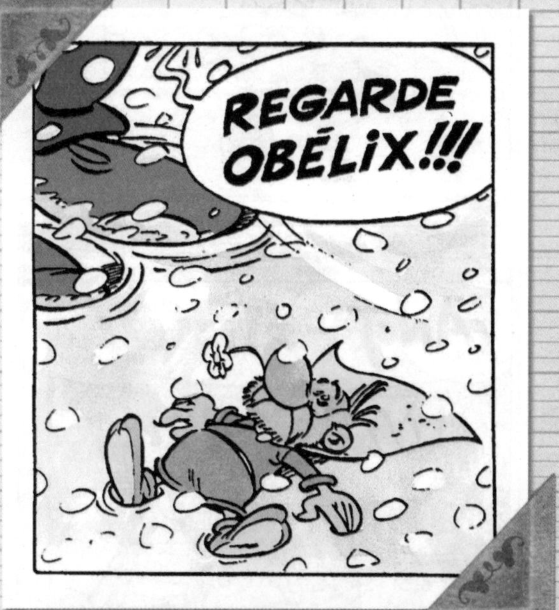
REGARDE OBÉLIX!!!

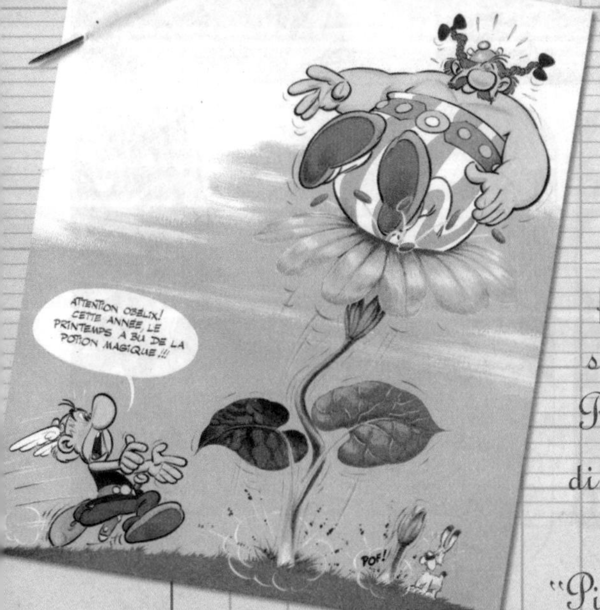
ATTENTION OBELIX! CETTE ANNÉE, LE PRINTEMPS A BU DE LA POTION MAGIQUE !!!
POF!
UDERZO

dimensione magica: così Albert realizzò da solo queste due pagine e la copertina del giornale. In realtà, Albert si è ispirato alla sua infanzia: adorava passeggiare nel quartiere della Bastiglia a Parigi, dal Faubourg Saint-Antoine fino al mercato d'Aligre, dove si accavallano le bancarelle stracolme di frutti di stagione.

René ha semplicemente suggerito al suo amico l'ultima battuta di Obelix per la deliziosa gag finale.

"Pilote" n. 334

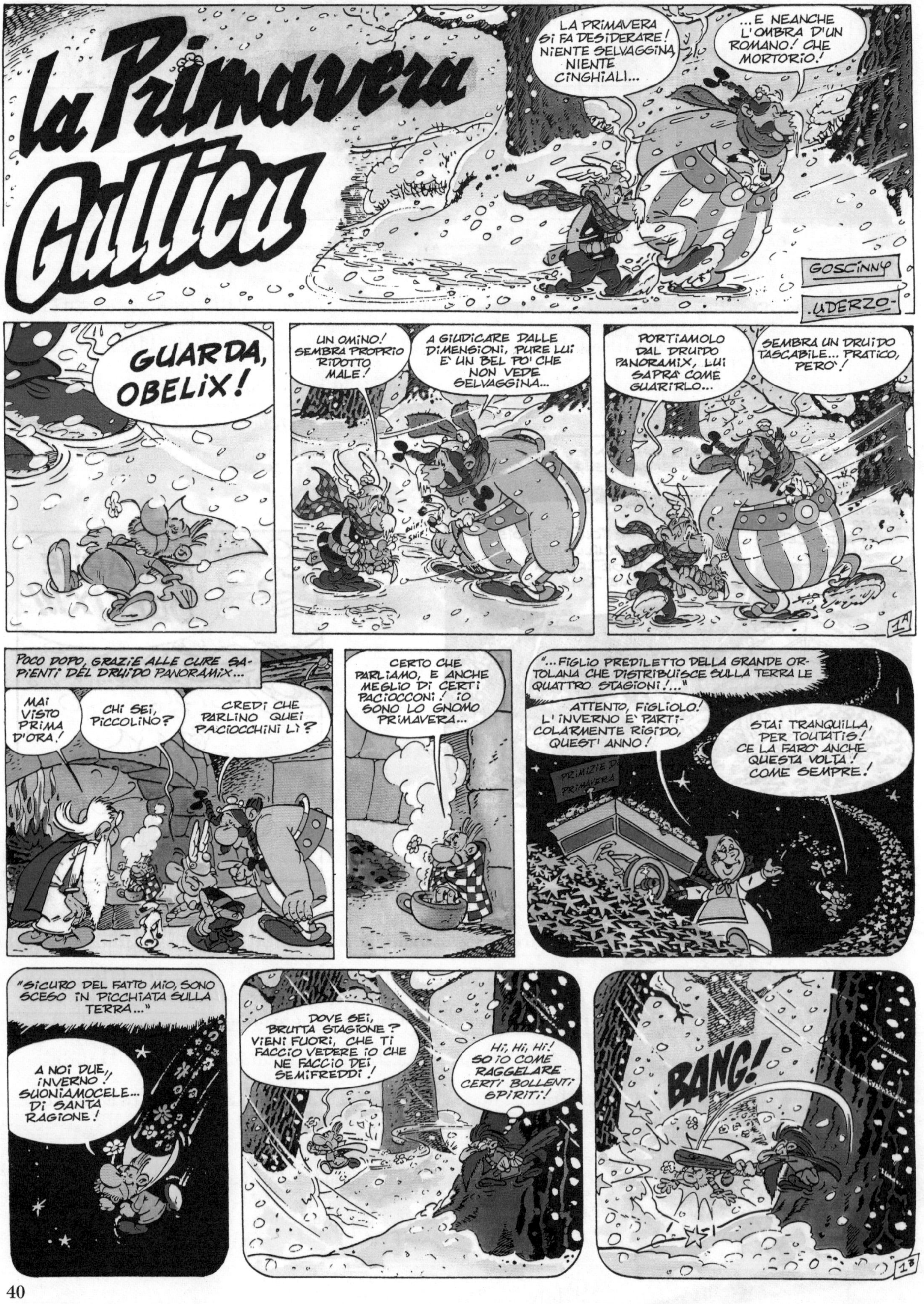
la Primavera Gallica
LA PRIMAVERA SI FA DESIDERARE! NIENTE SELVAGGINA, NIENTE CINGHIALI...
...E NEANCHE L'OMBRA D'UN ROMANO! CHE MORTORIO!
GOSCINNY
UDERZO
GUARDA, OBELIX!
UN OMINO! SEMBRA PROPRIO RIDOTTO MALE!
A GIUDICARE DALLE DIMENSIONI, PURE LUI E' UN BEL PO' CHE NON VEDE SELVAGGINA...
SNIF! SNIF!
PORTIAMOLO DAL DRUIDO PANORAMIX, LUI SAPRÀ COME GUARIRLO...
SEMBRA UN DRUIDO TASCABILE... PRATICO, PERÒ!
POCO DOPO, GRAZIE ALLE CURE SAPIENTI DEL DRUIDO PANORAMIX...
MAI VISTO PRIMA D'ORA!
CHI SEI, PICCOLINO?
CREDI CHE PARLINO QUEI PACIOCCHINI LÌ?
CERTO CHE PARLIAMO, E ANCHE MEGLIO DI CERTI PACIOCCONI! IO SONO LO GNOMO PRIMAVERA...
"...FIGLIO PREDILETTO DELLA GRANDE ORTOLANA CHE DISTRIBUISCE SULLA TERRA LE QUATTRO STAGIONI!..."
ATTENTO, FIGLIOLO! L'INVERNO E' PARTICOLARMENTE RIGIDO, QUEST'ANNO!
STAI TRANQUILLA, PER TOUTATIS! CE LA FARÒ ANCHE QUESTA VOLTA! COME SEMPRE!
PRIMIZIE DI PRIMAVERA
"SICURO DEL FATTO MIO, SONO SCESO IN PICCHIATA SULLA TERRA..."
A NOI DUE, INVERNO! SUONIAMOCELE... DI SANTA RAGIONE!
DOVE SEI, BRUTTA STAGIONE? VIENI FUORI, CHE TI FACCIO VEDERE IO CHE NE FACCIO DEI SEMIFREDDI!
HI, HI, HI! SO IO COME RAGGELARE CERTI BOLLENTI SPIRITI!
BANG!

EH! EH! EH! E ORA ANDIAMO A CONTAGIARE IL VASTO MONDO ANTICO CON QUALCHE EPIDEMIA DI RAFFREDDORE!

PACIOCCONE A CHI?

OBELIX, TI PREGO, NON E' IL MOMENTO! DOBBIAMO FARE QUALCOSA PER LA PRIMAVERA!

LA POZIONE MAGICA!!!... VOI DUE, PORTATEMI QUI LA MARMITTONA!

POCO DOPO...

BEVI!

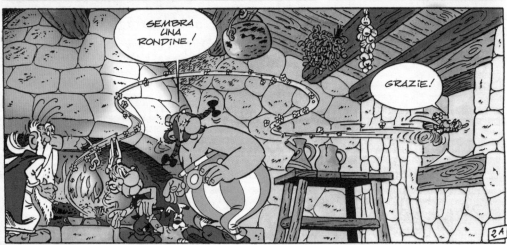

SEMBRA UNA RONDINE!

GRAZIE!

AH, ECCOTI QUA.!... HAI PAURA DI UNA... FREDDURA? E FAI BENE, PERCHE' ORA PER L'INVERNO SARA' UN INFERNO!

?

!?!

NON E' PIU'... STAGIONE PER TE!

PAAM!

FINALMENTE SOLO, DOPO AVER ALLONTANATO IL NEMICO, LO GNOMO PRIMAVERA SI MISE ALLEGRAMENTE AL LAVORO...

...AL SUO PASSAGGIO, LE GEMME SBOCCIAVANO, L'ERBA SPUNTAVA E UNA NUOVA GIOIA DI VIVERE SI DIFFONDEVA DAPPERTUTTO...

!?!...

...E FU COSI' CHE QUELL'ANNO EBBE LA PIU' BELLA PRIMAVERA DEL MONDO... LA PRIMAVERA GALLICA!

ACC....! UNA GRANDINATA PRIMAVERILE

EHI, ASTERIX! HO IL RAFFREDDRO-DE DA FIEDO... FORSE COD UD GOCCIO DI BOZIODE BAGICA...

BANG! BANG! BANG!

fine

41

La mascotte

13 giugno 1968

Testo: René Goscinny - Disegni: Albert Uderzo

In prima assoluta, ecco a voi "La mascotte" reimpaginata in formato tradizionale. Questa piccola avventura era stata infatti pubblicata per la prima volta in Francia in formato tascabile sulle pagine di "Super Pocket Pilote" e in una rivista commissionata dal comune di Romainville, agglomerato della periferia di Lutezia, chiaramente predestinato (lo dice il nome stesso!) a offrire ospitalità ad Asterix e ai suoi amici. In questa storia completa, dove ritroviamo tutti gli ingredienti che caratterizzano l'universo di Asterix, si racconta del rapimento di Idefix, il cagnolino che apparve per la prima volta in "Asterix e il giro di Gallia". Divenuto in seguito uno dei beniamini del villaggio, il piccolo compagno di Obelix è qui vittima del proprio fascino. Non c'è da meravigliarsi... Chi resisterebbe alla tentazione di coccolare un tenerone come Idefix che, con venti secoli d'anticipo, ha così tanto a cuore il rispetto della Natura?! Senza dimenticare che è merito di Idefix se Obelix ha smesso di sradicare gli alberi. Per Mollalos!

TCHAC!
TCHOC!
PAF!
SCRONTCH! SCROTCH!
6

"Super Pocket Pilote" n. 1

la mascotte

TESTO GOSCINNY

DISEGNI UDERZO

PROPRIO COSÌ, ASTERIX! IDEFIX È UN CANE ECCEZIONALE. IL FATTO È CHE TU NON HAI FIDUCIA IN LUI, E COSÌ LO FAI DIVENTARE ISTERIX*...

SARÀ, MA INTANTO GUARDA CHI ARRIVA!

*PER CHI DUBITASSE ANCORA DELL'ORIGINE GALLICA DEL MODERNO DISTURBO.

AD ARRIVARE È UN'INTREPIDA PATTUGLIA DI LEGIONARI ROMANI.

DUE GALLI!

NON QUEI DUE GALLI, SPERO!

DULCE ET DECORUM EST PRO PATRIA MORI.

MA STATTE ZITTO, MACACO!

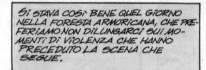

SI STAVA COSÌ BENE QUEL GIORNO NELLA FORESTA ARMORICANA, CHE PREFERIAMO NON DILLINGARCI SUI MOMENTI DI VIOLENZA CHE HANNO PRECEDUTO LA SCENA CHE SEGUE.

DICIAMOCI LA VERITÀ: STAVOLTA HANNO ESAGERATO!

NON GLI ABBIAMO FATTO NIENTE NOI, A QUESTI SCIOVINISTI! APPENA UN'INVASIONCINA DA NULLA!

VICTRIX CAUSA DIIS PLACUIT, SED VICTA CATONI!

LA VOLEMO FINÌ CO' LE CITAZIONI?

NUNC EST BIBENDUM.

A COSO, LA VOI PIANTÀ?

MA GUARDA CHE SFORTUNA! CON TUTTA LA GENTE CHE CIRCOLA NELLA FORESTA DOVEVAMO IMBATTERCI PROPRIO IN QUEI DUE ASOCIALI!

MA LO VOLETE SAPERE PERCHÉ NON SIAMO FORTUNATI?

①

SENTIAMO, PERCHÉ?

CUR?

AHO, LO SAI CHE ME STAI A STRESSÀ?

PERCHÉ NON ABBIAMO UNA MASCOTTE!

UNA MASCOTTE?

MA CERTO! CI VUOLE UNA MASCOTTE! I NOSTRI COMMILITONI AL CAMPIDOGLIO HANNO LE OCHE E NE SONO MOLTO SODDISFATTI!

RES, NON VERBA!

ME STA A PRUDE LA MANO!

MA SARÀ PUR LIBERO DI FARE LE SUE CITAZIONI!

AH, SÌ? E ORA LO CITO IO... IN GIUDIZIO!

PAF!

IO INTANTO VADO A CERCARE UNA BESTIOLA CHE CI FACCIA DA MASCOTTE!

UNA BESTIOLA... LA TROVERÒ DI SICURO NELLA FORESTA!

IN QUEL MOMENTO...

VEDRAI SE NON È FORMIDABILE, IL MIO IDEFIX!

COSA GLI STAI CHIEDENDO DI FARE AL TUO FORMIDABILE IDEFIX?

RIPORTALO, IDEFIX!

②

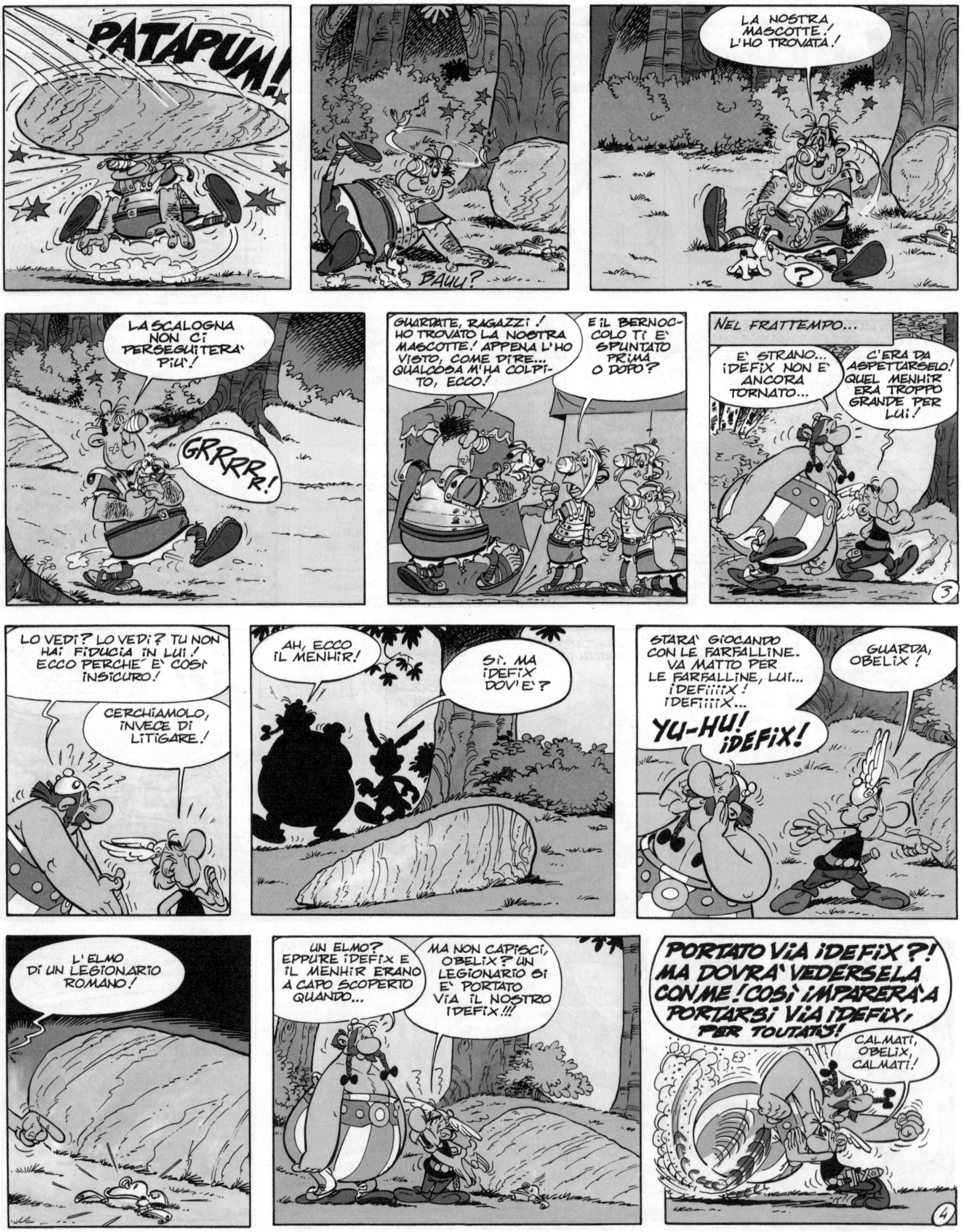
PATAPUM!
BAUU?
LA NOSTRA MASCOTTE! L'HO TROVATA!
LA SCALOGNA NON CI PERSEGUITERA' PIU'!
GRRRRR!
GUARDATE, RAGAZZI! HO TROVATO LA NOSTRA MASCOTTE! APPENA L'HO VISTO, COME DIRE... QUALCOSA M'HA COLPITO, ECCO!
E IL BERNOCCOLO TI E' SPUNTATO PRIMA O DOPO?
NEL FRATTEMPO...
E' STRANO... IDEFIX NON E' ANCORA TORNATO...
C'ERA DA ASPETTARSELO! QUEL MENHIR ERA TROPPO GRANDE PER LUI!
3
LO VEDI? LO VEDI? TU NON HAI FIDUCIA IN LUI! ECCO PERCHE' E' COSI INSICURO!
CERCHIAMOLO, INVECE DI LITIGARE!
AH, ECCO IL MENHIR!
SI, MA IDEFIX DOV'E'?
STARA' GIOCANDO CON LE FARFALLINE. VA MATTO PER LE FARFALLINE, LUI... IDEFIIIIX! IDEFIIIIX...
YU-HU! IDEFIX!
GUARDA, OBELIX!
L'ELMO DI UN LEGIONARIO ROMANO!
UN ELMO? EPPURE IDEFIX E IL MENHIR ERANO A CAPO SCOPERTO QUANDO...
MA NON CAPISCI, OBELIX? UN LEGIONARIO SI E' PORTATO VIA IL NOSTRO IDEFIX!!!
PORTATO VIA IDEFIX?! MA DOVRA' VEDERSELA CON ME! COSI IMPARERA' A PORTARSI VIA IDEFIX, PER TOUTATIS!
CALMATI, OBELIX, CALMATI!
4

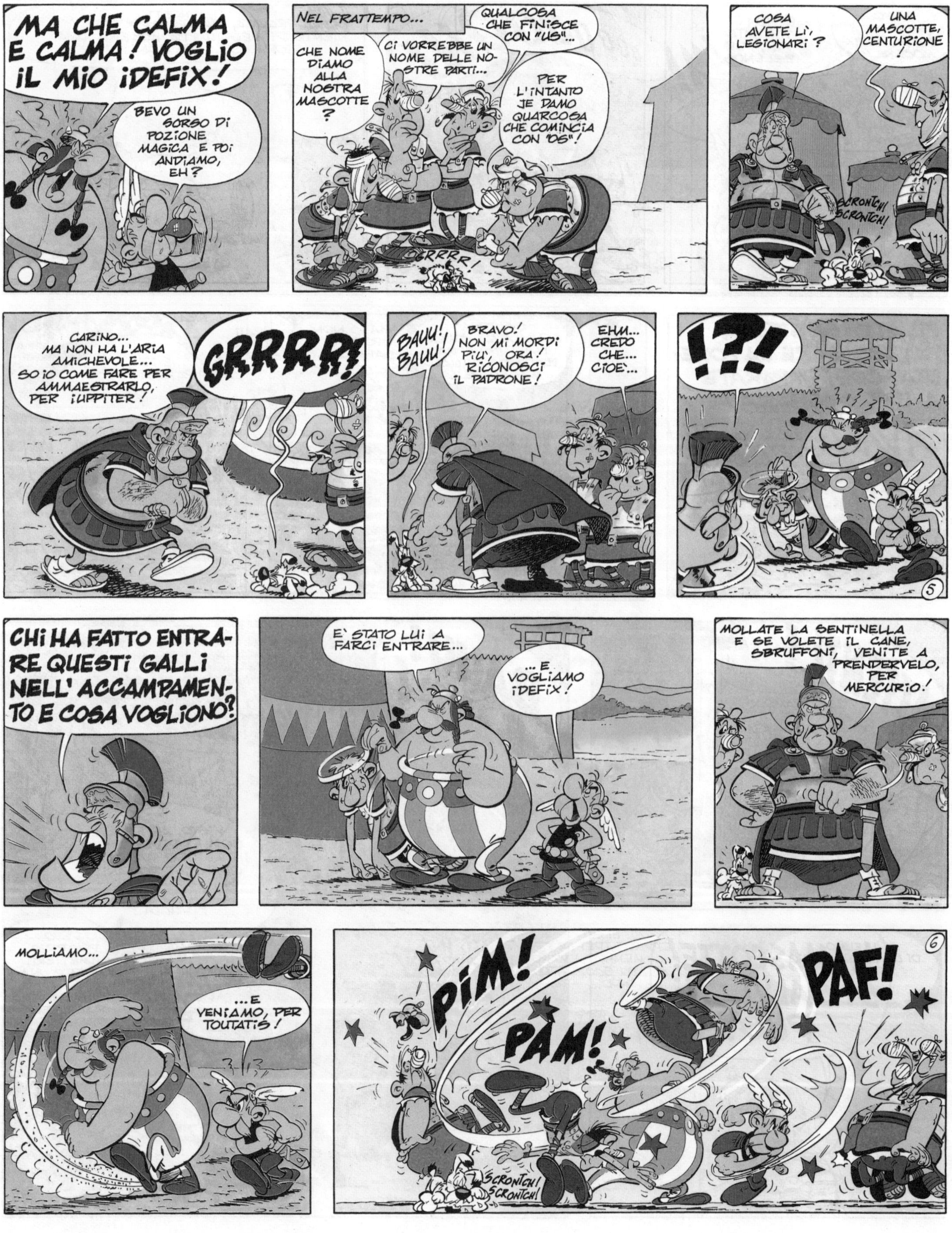
MA CHE CALMA E CALMA! VOGLIO IL MIO IDEFIX!
BEVO UN SORSO DI POZIONE MAGICA E POI ANDIAMO, EH?
NEL FRATTEMPO...
CHE NOME DIAMO ALLA NOSTRA MASCOTTE?
CI VORREBBE UN NOME DELLE NOSTRE PARTI...
QUALCOSA CHE FINISCE CON "US"...
PER L'INTANTO JE DAMO QUARCOSA CHE COMINCIA CON "OS"!
GRRRR!
COSA AVETE LÌ, LEGIONARI?
UNA MASCOTTE, CENTURIONE!
SCRONTCH! SCRONTCH!
CARINO... MA NON HA L'ARIA AMICHEVOLE... SO IO COME FARE PER AMMAESTRARLO, PER IUPPITER!
GRRRR!
BAUU! BAUU!
BRAVO! NON MI MORDI PIÙ, ORA! RICONOSCI IL PADRONE!
EHM... CREDO CHE... CIOÈ...
!?!
CHI HA FATTO ENTRARE QUESTI GALLI NELL'ACCAMPAMENTO E COSA VOGLIONO?
È STATO LUI A FARCI ENTRARE...
...E VOGLIAMO IDEFIX!
MOLLATE LA SENTINELLA E SE VOLETE IL CANE, SBRUFFONI, VENITE A PRENDERVELO, PER MERCURIO!
MOLLIAMO...
...E VENIAMO, PER TOUTATIS!
PIM!
PAM!
PAF!
SCRONTCH! SCRONTCH!

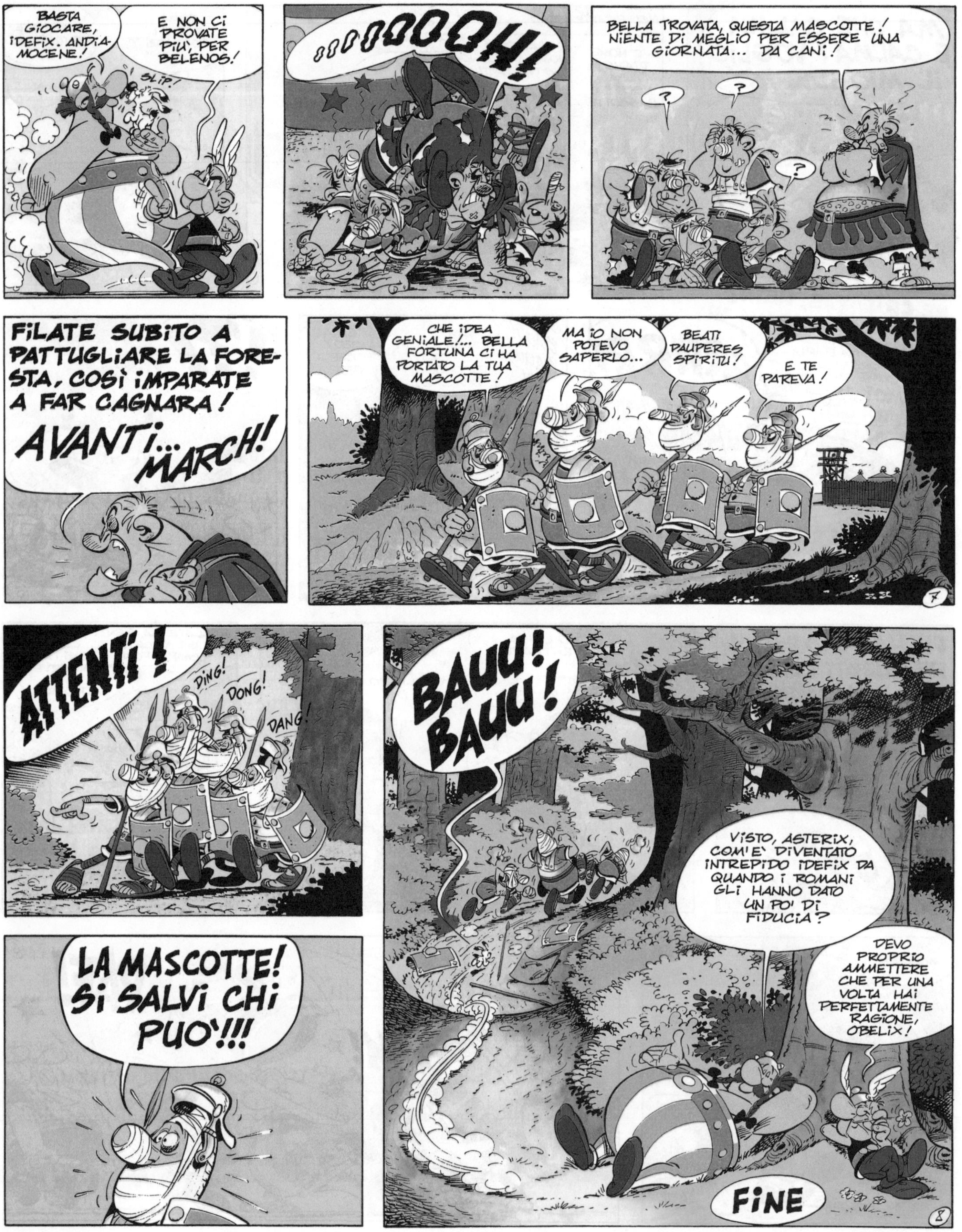
BASTA GIOCARE, IDEFIX. ANDIA-MOCENE!
E NON CI PROVATE PIÙ, PER BELENOS!
SLIP!
OOOOOOOOH!
BELLA TROVATA, QUESTA MASCOTTE! NIENTE DI MEGLIO PER ESSERE UNA GIORNATA... DA CANI!
?
?
?
FILATE SUBITO A PATTUGLIARE LA FORE-STA, COSÌ IMPARATE A FAR CAGNARA!
AVANTI... MÄRCH!
CHE IDEA GENIALE!... BELLA FORTUNA CI HA PORTATO LA TUA MASCOTTE!
MA IO NON POTEVO SAPERLO...
BEATI PAUPERES SPIRITU!
E TE PAREVA!
7
ATTENTI!
DING!
DONG!
DANG!
LA MASCOTTE! SI SALVI CHI PUO'!!!
BAUU! BAUU!
VISTO, ASTERIX, COM'È DIVENTATO INTREPIDO IDEFIX DA QUANDO I ROMANI GLI HANNO DATO UN PO' DI FIDUCIA?
DEVO PROPRIO AMMETTERE CHE PER UNA VOLTA HAI PERFETTAMENTE RAGIONE, OBELIX!
FINE
8

Latinofilia
Marzo 1973

Testo: René Goscinny - Disegni: Albert Uderzo

AH, NE CRIE PAS, HEIN! CE N'EST NI UN FORUM NI UN AUDITORIUM, ICI!
MOI JE CRIE? C'EST TOI QUI HURLES! TAIS-TOI C'EST UN ULTIMATUM!

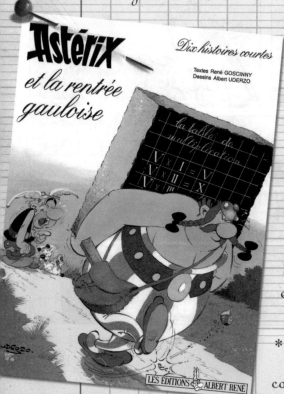

Divertito da una campagna intrapresa contro un certo "franglese", che faceva molto chic già trent'anni fa, René Goscinny pensò bene di sdrammatizzare la faccenda trasponendola nel villaggio gallico. Per rispondere velatamente e con ironia allo scrittore Maurice Druon, capofila dei puristi francesi, immaginò una gustosa sequenza che vede i nostri Galli dialogare in stile latineggiante. Ecco come nacque questa pagina, disegnata da Albert Uderzo, di certo la piú... accademica di tutta la raccolta, per Toutatis e per... Bacchus!

Come la maggior parte delle tavole degli anni Sessanta, anche questa pagina, pubblicata in Francia con il titolo di "Latinomanie" o "Et caetera", è stata rimessa a nuovo per questa raccolta. Nuova inchiostratura, nuova colorazione... Eh sí, siamo gente seria, noi! Sissignooor! Minacce? Ricatti? Ma di cosa state parlando...?

Astérix
Dix histoires courtes
Textes René GOSCINNY
Dessins Albert UDERZO
et la rentrée gauloise
LES ÉDITIONS ALBERT RENÉ

La copertina qui accanto è quella della prima edizione francese di questa raccolta, uscita nel 1993 d. C. e andata letteralmente a ruba...* In poche settimane, la prima tiratura di quattrocentomila copie era esaurita. Per la cronaca, il 10 agosto 1993, giorno dell'uscita dell'albo, pubblicato per promuovere le videocassette dei primi film di Asterix, i centralini degli editori — Hachette-Livre e Les Éditions Albert René — andarono in tilt! Un successo strepitoso, al di là delle piú rosee previsioni, che ci costrinse a promettere un'edizione piú ricca e completa. E dato che ogni promessa è debito...

* In Italia, la prima versione della raccolta è stata pubblicata con il titolo "Asterix e compagni".

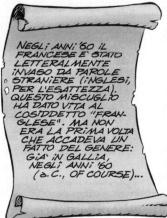

NEGLI ANNI '60 IL FRANCESE È STATO LETTERALMENTE INVASO DA PAROLE STRANIERE (INGLESI, PER L'ESATTEZZA). QUESTO MISCUGLIO HA DATO VITA AL COSIDDETTO "FRANGLESE". MA NON ERA LA PRIMA VOLTA CHE ACCADEVA UN FATTO DEL GENERE: GIÀ IN GALLIA, NEGLI ANNI '60 (a.C., OF COURSE)...

EHI! VOI DUE! NON CALPESTATE IL MIO GERANIUM!

OPS! MEA CULPA!

CERCATE DI GUARDARE DOVE METTETE I PIEDI! È IL MINIMUM!

TI PREGO, CARA, UN PO' DI DECORUM!

NON ALZARE LA VOCE, SAI! QUESTO NON E' MICA UN FORUM E NEPPURE UN AUDITORIUM!

IO ALZO LA VOCE? MA SE SEI TU CHE SBRAITI! CHIUDI IL BECCO: E' UN ULTIMATUM!

TE LO DO IO L'ULTIMATUM!...

NO! L'AQUARIUM NO!

HO SENTITO ABBASTANZA! VERGOGNA! NON FATE CHE PARLARE LATINO! E LA PUREZZA DELLA NOSTRA LINGUA NON SIGNIFICA NIENTE PER VOI?

PARLIAMO LATINO NOI?!?

GLU GLU GLAGLE' GLAGLIN GLAGLE'?

ALTROCHE'! AUDITORIUM, ULTIMATUM, AQUARIUM... SE NON È LATINO QUESTO!

MA ALLORA, DRUIDO, COSA DOVREMMO DIRE?

BEH, ECCO: "SALA PER PUBBLICHE RIUNIONI", "INGIUNZIONE PERENTORIA", "VASCA DESTINATA AD ANIMALI D'ACQUA DOLCE O SALATA"...

ET CETERA, ET CETERA...

- UDERZO & GOSCINNY

5-73

48

Messinscena... d'autori

1962 - 1963

Testo: René Goscinny - Disegni: Albert Uderzo

Oggi l'universo del fumetto sembra essere "rinsavito", ma negli anni Sessanta e Settanta era animato da uno spirito piuttosto ribelle, irrispettoso sia delle convenzioni grafiche sia delle barriere temporali. La trasformazione degli autori in personaggi dei propri fumetti era allora un esercizio quasi obbligatorio, atteso e preteso dai lettori. Ma era anche un'idea ingegnosa che alimentava quel rapporto di magica complicità che li legava al loro pubblico.
Fu in questo clima che René e Albert, come tanti altri celebri nomi del fumetto, lavorarono di fantasia per creare questo singolare episodio in cui oltrepassano le frontiere dello spazio e del tempo e ci rivelano finalmente la vera storia della creazione di Asterix.

GOSCINNYRIX
VDERZORIX
VIS COMICA*

* Espressione tratta da un epigramma di Cesare sul poeta Terenzio.

Obeliscio
7 febbraio 1963

Testo: René Goscinny - Disegni: Albert Uderzo

Questa storia è stata pubblicata in 15 puntate su "Pilote", dal numero 172 al 186.

QUALCHE GIORNO FA, DUE NOSTRI COLLABORATORI PASSEGGIAVANO TRANQUILLI SULLA BANCHINA DI UN PICCOLO PORTO BRETONE...
...QUANDO...
GUARDA!
HMMM?
NON E' POSSIBILE!
NON CI CREDO!
UNA SOMIGLIANZA STRAORDINARIA!... CHE COINCIDENZA!
COINCIDENZA?! E SE NON FOSSE UNA COINCIDENZA?!... SEGUIAMOLO!

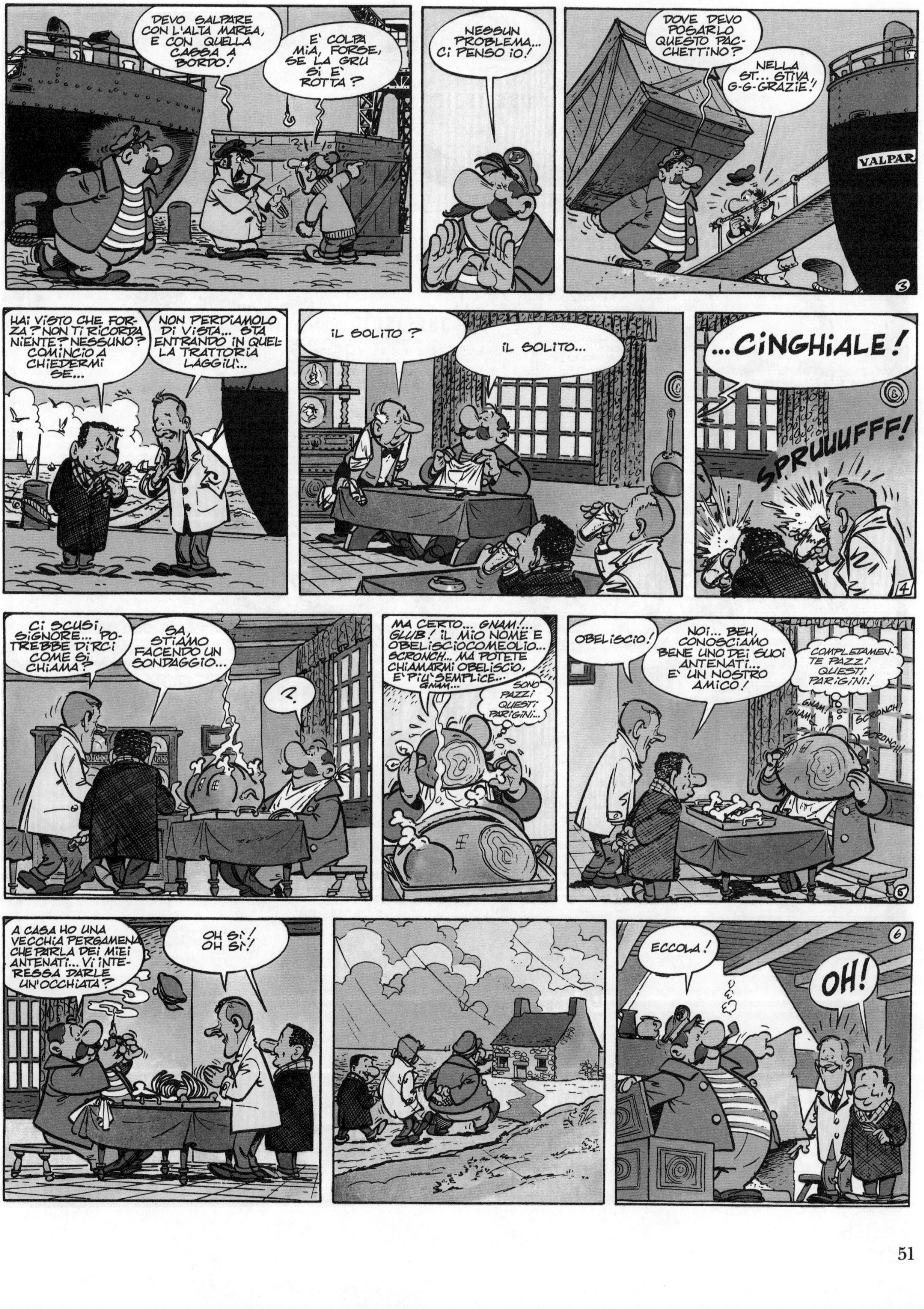
DEVO SALPARE CON L'ALTA MAREA, E CON QUELLA CASSA A BORDO!
E' COLPA MIA, FORSE, SE LA GRU SI E' ROTTA?
NESSUN PROBLEMA... CI PENSO IO!
DOVE DEVO POSARLO QUESTO PACCHETTINO?
NELLA ST... STIVA, G-G-GRAZIE!
VALPAR
3
HAI VISTO CHE FORZA? NON TI RICORDA NIENTE? NESSUNO? COMINCIO A CHIEDERMI SE...
NON PERDIAMOLO DI VISTA... STA ENTRANDO IN QUELLA TRATTORIA LAGGIU'...
IL SOLITO?
IL SOLITO...
...CINGHIALE!
SPRUUUFFF!
4
CI SCUSI, SIGNORE... POTREBBE DIRCI COME SI CHIAMA?
SA, STIAMO FACENDO UN SONDAGGIO...
?
MA CERTO... GNAM!... GLUB! IL MIO NOME E OBELISCIOCOMEOLIO... SCRONCH... MA POTETE CHIAMARMI OBELISCIO, E' PIU' SEMPLICE... GNAM...
SONO PAZZI QUESTI PARIGINI...
OBELISCIO!
NOI... BEH, CONOSCIAMO BENE UNO DEI SUOI ANTENATI... E' UN NOSTRO AMICO!
COMPLETAMENTE PAZZI QUESTI PARIGINI!
GNAM! GNAM!
SCRONCH! SCRONCH!
5
A CASA HO UNA VECCHIA PERGAMENA CHE PARLA DEI MIEI ANTENATI... VI INTERESSA DARLE UN'OCCHIATA?
OH SI! OH SI!
6
ECCOLA!
OH!

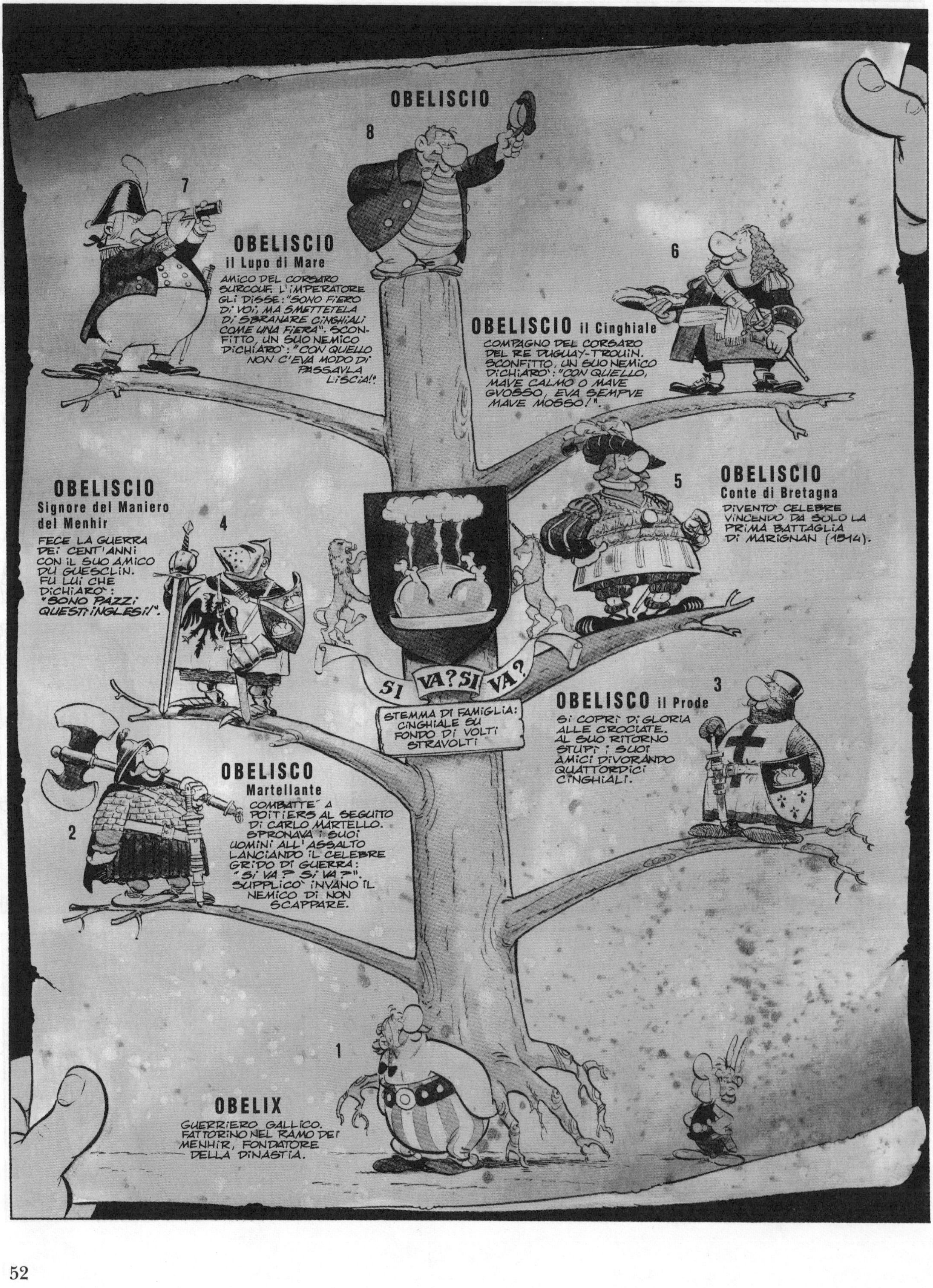
OBELISCIO
8
7
OBELISCIO
il Lupo di Mare
AMICO DEL CORSARO SURCOUF. L'IMPERATORE GLI DISSE: "SONO FIERO DI VOI; MA SMETTETELA DI SBRANARE CINGHIALI COME UNA FIERA". SCONFITTO, UN SUO NEMICO DICHIARÒ: "CON QUELLO NON C'EVA MODO DI PASSAVLA LISCIA!".
6
OBELISCIO il Cinghiale
COMPAGNO DEL CORSARO DEL RE DUGUAY-TROUIN. SCONFITTO, UN SUO NEMICO DICHIARÒ: "CON QUELLO, MAVE CALMO O MAVE GVOSSO, EVA SEMPVE MAVE MOSSO!".
5
OBELISCIO
Conte di Bretagna
DIVENTÒ CELEBRE VINCENDO DA SOLO LA PRIMA BATTAGLIA DI MARIGNAN (1514).
OBELISCIO
Signore del Maniero del Menhir
4
FECE LA GUERRA DEI CENT'ANNI CON IL SUO AMICO DU GUESCLIN. FU LUI CHE DICHIARÒ: "SONO PAZZI QUESTI INGLESI!".
SI VA? SI VA?
STEMMA DI FAMIGLIA: CINGHIALE SU FONDO DI VOLTI STRAVOLTI
3
OBELISCO il Prode
SI COPRÌ DI GLORIA ALLE CROCIATE. AL SUO RITORNO STUPÌ I SUOI AMICI DIVORANDO QUATTORDICI CINGHIALI.
OBELISCO
Martellante
2
COMBATTÉ A POITIERS AL SEGUITO DI CARLO MARTELLO. SPRONAVA I SUOI UOMINI ALL'ASSALTO LANCIANDO IL CELEBRE GRIDO DI GUERRA: "SI VA? SI VA?". SUPPLICÒ INVANO IL NEMICO DI NON SCAPPARE.
1
OBELIX
GUERRIERO GALLICO. FATTORINO NEL RAMO DEI MENHIR, FONDATORE DELLA DINASTIA.

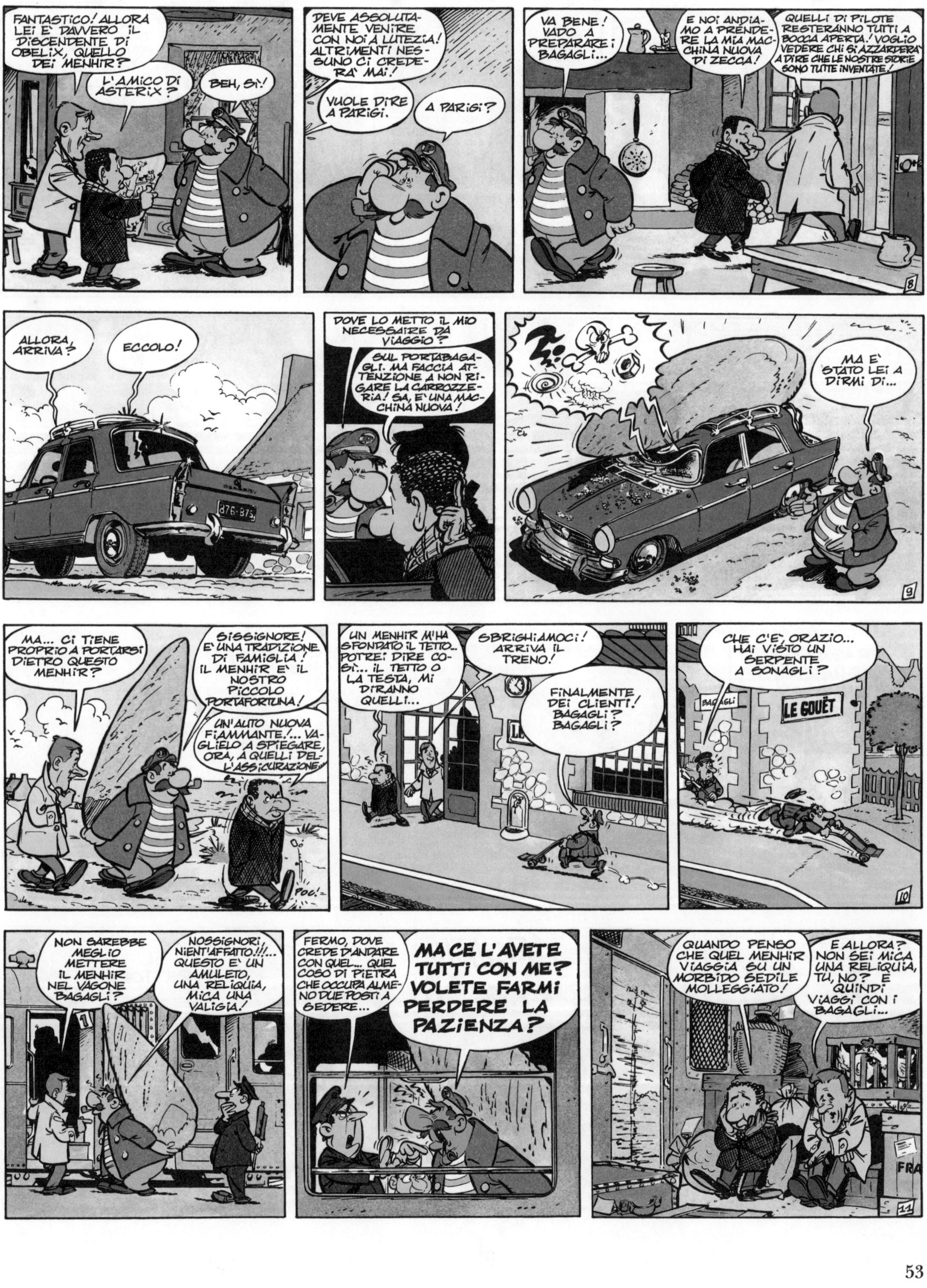

FANTASTICO! ALLORA LEI È DAVVERO IL DISCENDENTE DI OBELIX, QUELLO DEI MENHIR?
L'AMICO DI ASTERIX?
BEH, SÌ!
DEVE ASSOLUTAMENTE VENIRE CON NOI A LUTEZIA! ALTRIMENTI NESSUNO CI CREDERÀ MAI!
VUOLE DIRE A PARIGI.
A PARIGI?
VA BENE! VADO A PREPARARE I BAGAGLI...
E NOI ANDIAMO A PRENDERE LA MIA MACCHINA NUOVA DI ZECCA!
QUELLI DI PILOTE RESTERANNO TUTTI A BOCCA APERTA! VOGLIO VEDERE CHI SI AZZARDERÀ A DIRE CHE LE NOSTRE STORIE SONO TUTTE INVENTATE!
8
ALLORA, ARRIVA?
ECCOLO!
d76-873
DOVE LO METTO IL MIO NECESSAIRE DA VIAGGIO?
SUL PORTABAGAGLI. MA FACCIA ATTENZIONE A NON RIGARE LA CARROZZERIA! SA, È UNA MACCHINA NUOVA!
MA È STATO LEI A DIRMI DI...
9
MA... CI TIENE PROPRIO A PORTARSI DIETRO QUESTO MENHIR?
SISSIGNORE! È UNA TRADIZIONE DI FAMIGLIA! IL MENHIR È IL NOSTRO PICCOLO PORTAFORTUNA!
UN'AUTO NUOVA FIAMMANTE!... VAGLIELO A SPIEGARE, ORA, A QUELLI DELL'ASSICURAZIONE
POC!
UN MENHIR M'HA SFONDATO IL TETTO... POTREI DIRE COSÌ... IL TETTO O LA TESTA, MI DIRANNO QUELLI...
SBRIGHIAMOCI! ARRIVA IL TRENO!
FINALMENTE DEI CLIENTI! BAGAGLI? BAGAGLI?
CHE C'È, ORAZIO... HAI VISTO UN SERPENTE A SONAGLI?
BAGAGLI
LE GOUËT
10
NON SAREBBE MEGLIO METTERE IL MENHIR NEL VAGONE BAGAGLI?
NOSSIGNORI, NIENT'AFFATTO!!!... QUESTO È UN AMULETO, UNA RELIQUIA, MICA UNA VALIGIA!
FERMO, DOVE CREDE D'ANDARE CON QUEL... QUEL COSO DI PIETRA CHE OCCUPA ALMENO DUE POSTI A SEDERE...
MA CE L'AVETE TUTTI CON ME? VOLETE FARMI PERDERE LA PAZIENZA?
QUANDO PENSO CHE QUEL MENHIR VIAGGIA SU UN MORBIDO SEDILE MOLLEGGIATO!
E ALLORA? NON SEI MICA UNA RELIQUIA, TU, NO? E QUINDI VIAGGI CON I BAGAGLI...
FRA
11

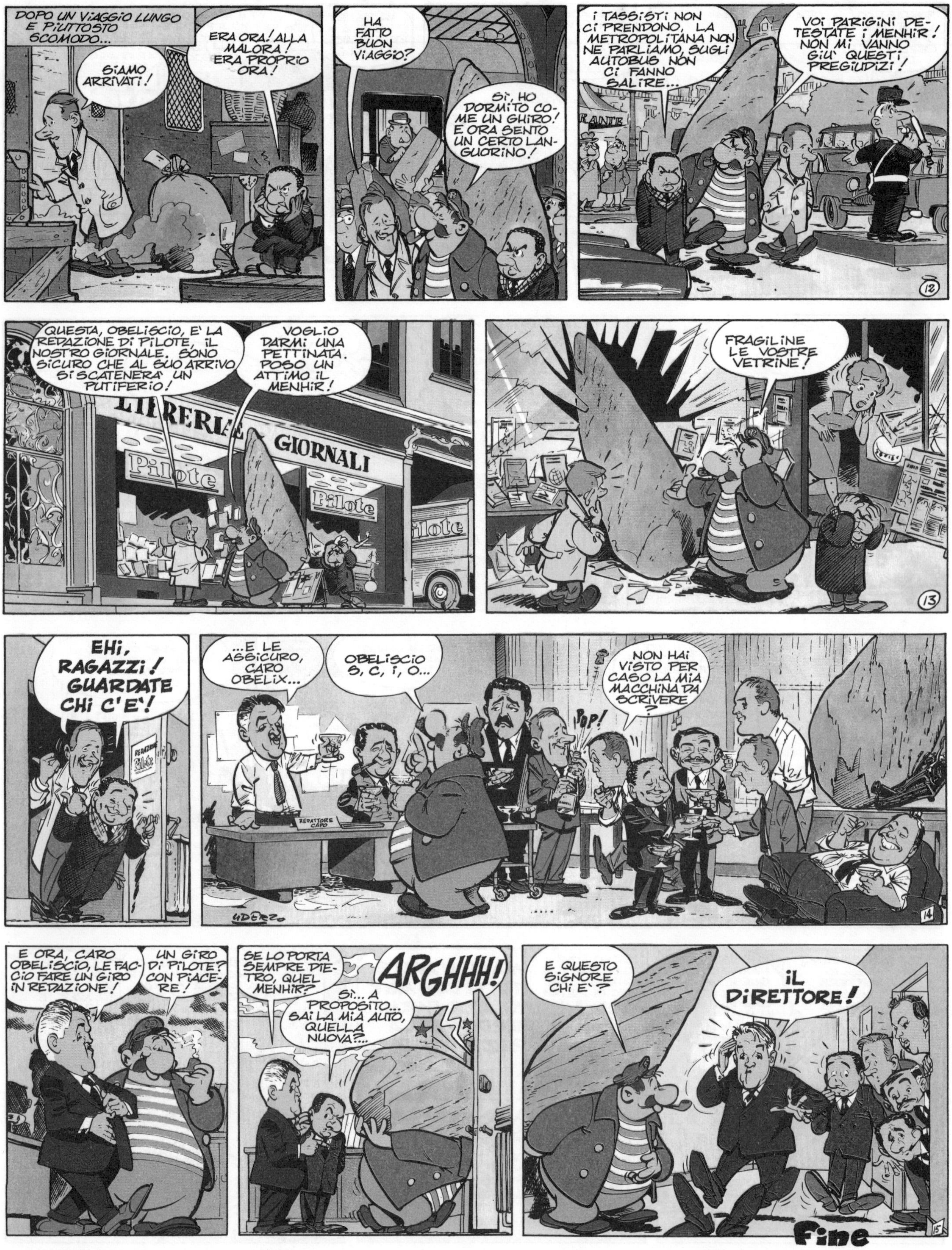

DOPO UN VIAGGIO LUNGO E PIUTTOSTO SCOMODO...
SIAMO ARRIVATI!
ERA ORA! ALLA MALORA! ERA PROPRIO ORA!
HA FATTO BUON VIAGGIO?
SÌ, HO DORMITO COME UN GHIRO! E ORA SENTO UN CERTO LANGUORINO!
I TASSISTI NON CI PRENDONO, LA METROPOLITANA NON NE PARLIAMO, SUGLI AUTOBUS NON CI FANNO SALIRE...
VOI PARIGINI DETESTATE I MENHIR! NON MI VANNO GIÙ QUESTI PREGIUDIZI!
12
QUESTA, OBELISCIO, È LA REDAZIONE DI PILOTE, IL NOSTRO GIORNALE. SONO SICURO CHE AL SUO ARRIVO SI SCATENERÀ UN PUTIFERIO!
VOGLIO DARMI UNA PETTINATA. POSO UN ATTIMO IL MENHIR!
LIBRERIA GIORNALI
Pilote
FRAGILINE LE VOSTRE VETRINE!
13
EHI, RAGAZZI! GUARDATE CHI C'È!
REDAZIONE Pilote
...E LE ASSICURO, CARO OBELIX...
OBELISCIO S, C, I, O...
POP!
NON HAI VISTO PER CASO LA MIA MACCHINA DA SCRIVERE?
REDATTORE CAPO
UDERZO
14
E ORA, CARO OBELISCIO, LE FACCIO FARE UN GIRO IN REDAZIONE!
UN GIRO DI PILOTE? CON PIACERE!
SE LO PORTA SEMPRE DIETRO, QUEL MENHIR?
ARGHHH!
SÌ... A PROPOSITO... SAI LA MIA AUTO, QUELLA NUOVA?...
E QUESTO SIGNORE CHI È?
IL DIRETTORE!
15
Fine

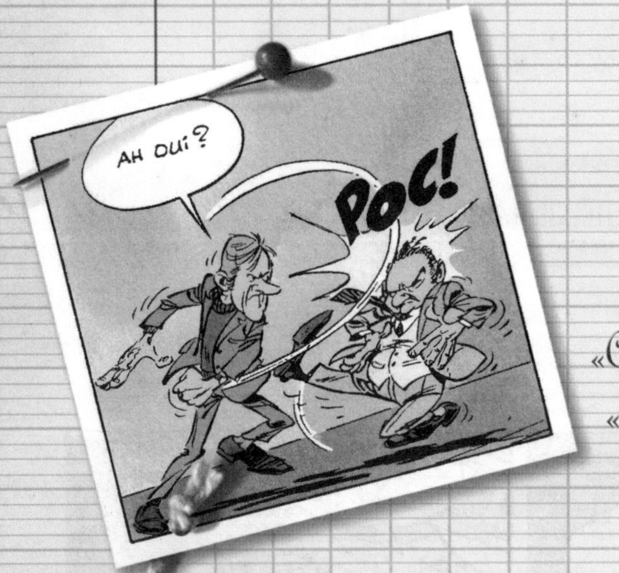
AH OUI?
POC!

Ma dove le andranno a pescare...?

Agosto 1993

«Come vi è venuta l'idea di Asterix?»
«Chi scrive e chi disegna?»
«A scuola eravate ferrati in latino, vero?»
«Lei, scusi, chi è... ehm, dei due?»

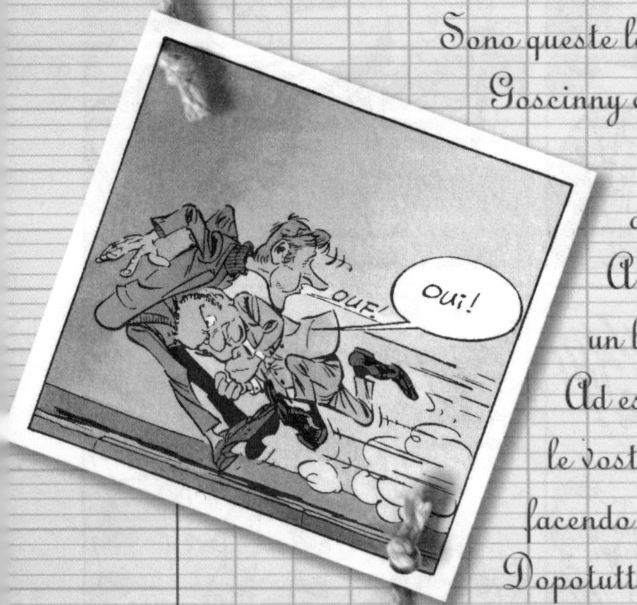
OUF!
OUI!

Sono queste le domande che spesso e volentieri sono state fatte a René Goscinny e al sottoscritto... E alle quali mi trovo a dover rispondere ancora oggi, a quasi quarantacinque anni dalla nascita di Asterix.

A dire la verità, alcune di queste domande hanno subito un leggera mutazione rispetto agli anni dei nostri inizi. Ad esempio, la vecchia: «Ci arrivate alla fine del mese con le vostre c.... ?», adesso suona piú o meno cosí: «Però! Starete facendo soldi a palate con questa roba, eh?».

Dopotutto, forse è questo il segno piú evidente di una certa evoluzione del nostro mestiere.

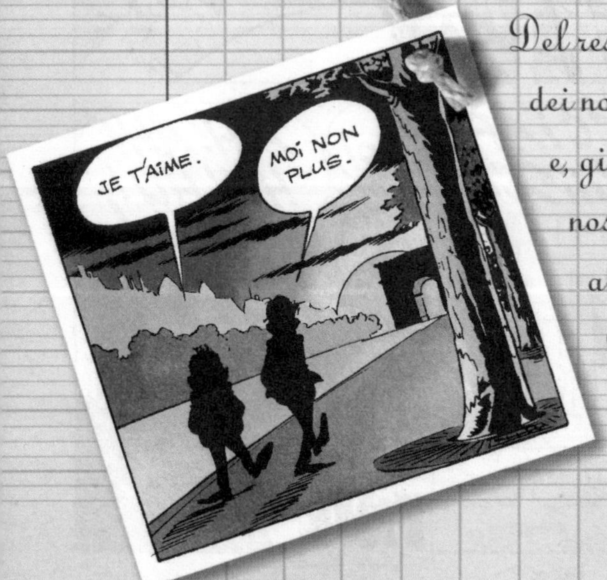
JE T'AIME.
MOI NON PLUS.

Del resto, come dire, l'eleganza, la delicatezza e il tatto di alcuni dei nostri interlocutori ci hanno sempre toccato profondamente e, già negli anni Sessanta, avevamo voluto rispondere a modo nostro su "Pilote" (il giornale che si diverte a riflettere) alla fatidica domanda: «Come nasce un'idea?».

È la risposta di allora che io, cari lettori, affido alla pagina seguente e alla vostra sagacia. Ponendomi come ogni volta la sempiterna domanda: «Vi piacerà?...».

Albert Uderzo

Genesi di un'idea

25 ottobre 1962

Testo: René Goscinny - Disegni: Albert Uderzo

"Pilote" n. 157

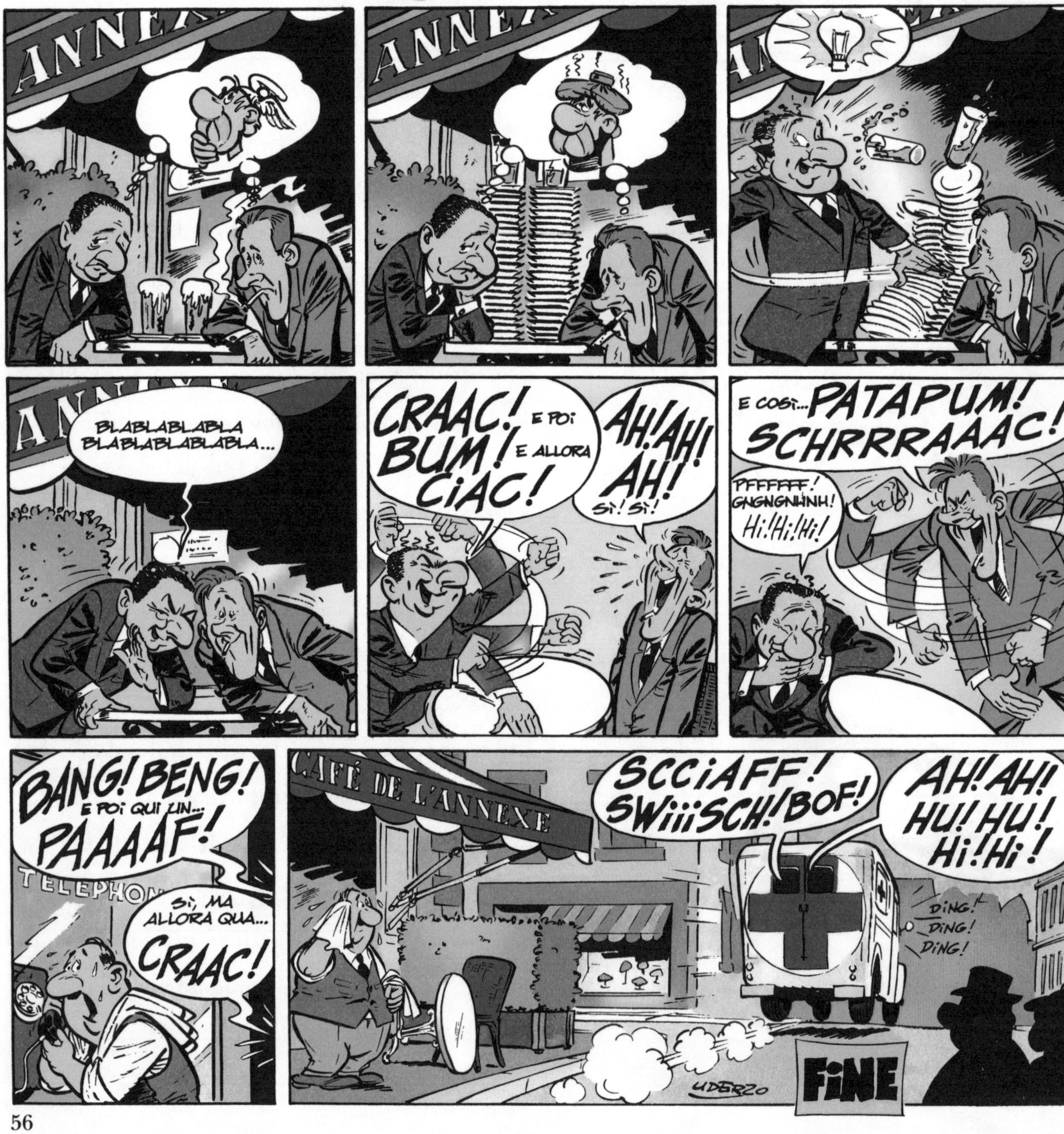
ANNEXE
BLABLABLABLA BLABLABLABLABLA...
CRAAC! BUM! CiAC!
E POI
E ALLORA
AH!AH! AH!
Sì! Sì!
E COSì... PATAPUM! SCHRRRAAAC!
PFFFFFF! GNGNGNHNH! Hi!Hi!Hi!
BANG! BENG! E POI QUI UN... PAAAAF!
TELEPHON
Sì, MA ALLORA QUA... CRAAC!
CAFÉ DE L'ANNEXE
SCCiAFF! SWiiiSCH! BOF!
AH!AH! HU!HU! Hi!Hi!
DING! DING! DING!
UDERZO
FINE

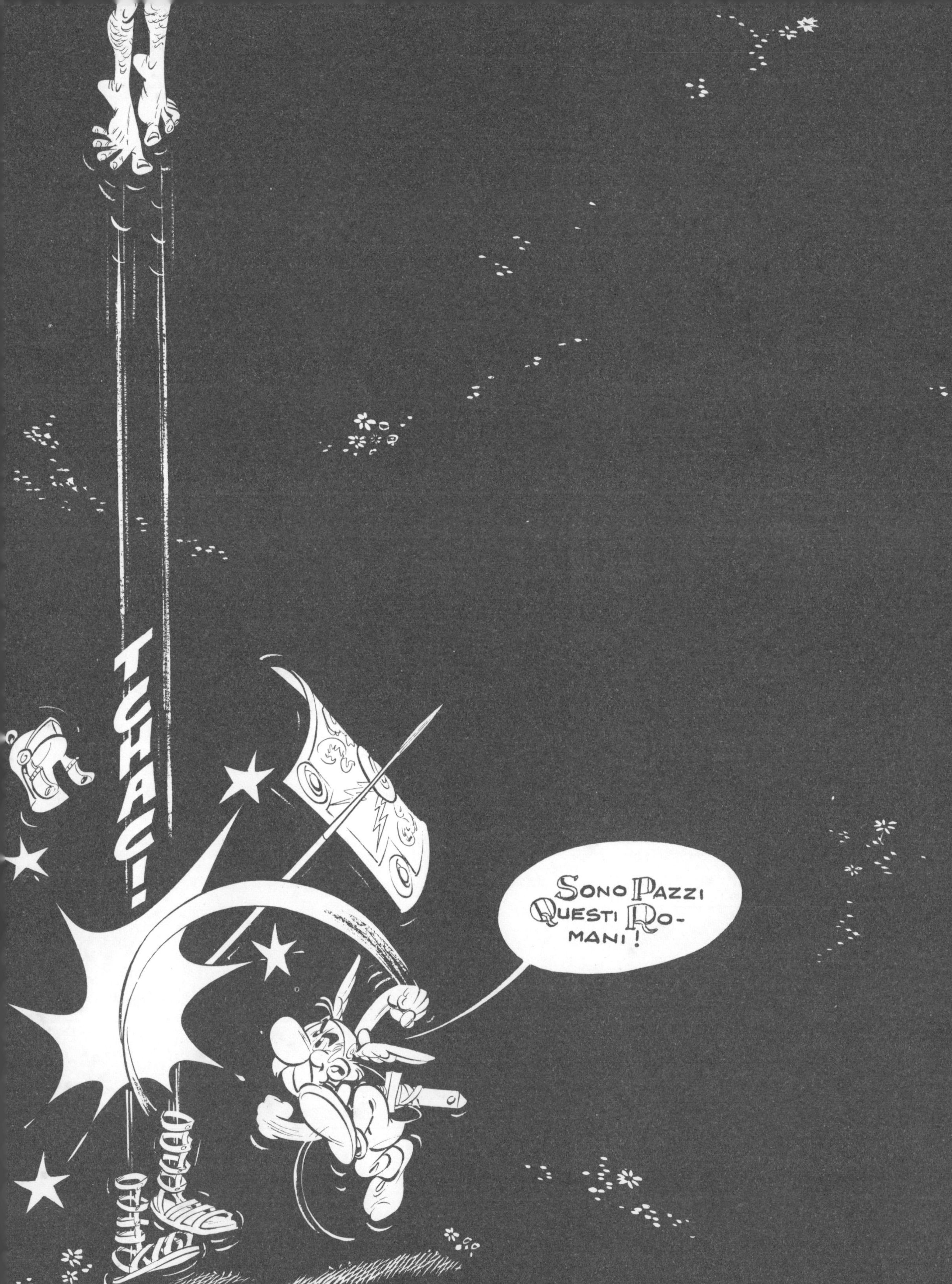
TCHAC!!
SONO PAZZI QUESTI ROMANI!